하하호호
기획법

유쾌한 혁명으로 세상을 바꾸는
기획자의 인사이트

하하
호호
기획법

오구니 시로 지음
김윤경 옮김

RHK
알에이치코리아

TV 프로그램 및 프로젝트 소개

전 NHK 연출가이자 현 기획자인 오구니 시로 씨의 이야기를
읽기 전에, 생소하게 느껴질 수 있는 일본 TV 프로그램명과 기획
프로젝트명을 일러둡니다. 자주 등장하거나 주요한 것 위주로 표
기하였으며, 이외의 것은 본문의 내용 및 각주를 참고해 주세요.

- **자주 등장하는 TV 프로그램명**
☺ 클로즈업 현대
　　NHK 종합에서 방송되는 시사 프로그램. 일본 내에서 벌어지는
　　사회 문제나 현상, 트렌드 등을 다루는 심층적 취재 방송
☺ NHK 스페셜
　　정통 다큐멘터리 프로그램
☺ 프로페셔널, 일하는 방식
　　분야의 전문가(프로페셔널)를 밀착 취재하여 그들의 방식을
　　보여주는 다큐멘터리 프로그램
☺ 덴고짱
　　매월 하나의 주제로 진행되는 실험형 정보 버라이어티 프로그램
☺ 갓텐!
　　유용한 생활 정보 프로그램

- **오구니 시로 씨의 주요 프로젝트명**

☺ 주문을 틀리는 요리점

　치매 어르신들이 홀 스태프가 되어 '주문한 것과 다른 음식이
　나올지도 모른다'는 전제로 한시적 운영되는 식당

☺ 프로페셔널, 나의 방식

　방송 프로그램 〈프로페셔널, 일하는 방식〉의 포맷을 따온 영상
　제작 앱으로, 각자 자기의 이야기를 담아 영상을 만들 수 있다

☺ 딜리트 C

　상품명의 알파벳 'C'를 지워 출시한 상품의 매출액 일부를
　암 치료 연구에 기부하는 프로젝트

☺ 레인보우 후로젝트

　다양한 성性을 이해해 보자는 취지로, 성소수자를 포함해 성별이
　뒤섞인 사람들이 네 개의 온천탕에서 대화를 나누는 프로젝트

☺ 마루노우치 15초메 프로젝트

　럭비 월드컵 일본대회를 앞두고 럭비 팬을 모으기 위해 설립한
　가상의 거리. 이후 도쿄 마루노우치 지역에서 오프라인 기획을
　진행하기도 했다

☺ 테레비크루

　이용자가 미션을 받아 영상을 촬영하면 그중 일부가 선별되어
　NHK 방송에 활용되는 앱 서비스

☺ 서포터가 되자!

　지원을 받는 데 익숙한 할아버지, 할머니가 축구 J리그의
　서포터가 되는 프로젝트

일러두기

- 단행본과 잡지는 『』, 영화와 미술 작품, 노래는 「」, TV 프로그램과 프로젝트는 〈〉,
   방송 편명은 작은따옴표로 표기했습니다.
- 본문의 각주는 모두 옮긴이의 것입니다.

책 앞머리에 여러 장의 그림이 실려 있습니다. 이 그림들은 모두 제가 지금까지 시행한 프로젝트의 풍경입니다.

치매를 앓는 어르신들과 초로기 치매①를 앓는 분들이 홀 직원이 되어 주문을 받고 음식을 가져다주는 이벤트형 레스토랑 〈주문을 틀리는 요리점〉. 암을 가리키는 영단어 'Cancer'의 이니셜 'C'가 붙는 상품명에서 C를 지우면 그 상품의 매출액 중 일부를 암 치료 연구에 기부하는 〈딜리트 C^delete C〉. 그리고 LGBTQ라고 불리는 다양한 성소수자들과 함께 온천에 몸을 담그고서 '누구나 즐길 수 있는 온천'을 구상해 보자는 취지의 〈레인보우 후로젝트②〉.

이 프로젝트들은 모두 치매, 암, LGBTQ에 대한 이해 등

---

① 노인성 치매 연령보다 빠른 40~60세에 생기는 치매
② 여성 동성애자Lesbian, 남성 동성애자Gay, 양성애자Bisexual, 성전환자 Transgender, 성소수자 전반Queer 또는 성 정체성을 갈등하는 사람Questioning에 대한 인식 개선을 위한 프로젝트로 '후로젝트'는 욕조나 또는 대중목욕탕을 가리키는 일본어 '후로風呂'에 프로젝트의 '젝트'를 붙여 만든 명칭이다

소위 '사회 과제'를 다루고 있습니다. 대화를 나누다가 이런 키워드가 주제로 떠오르면, 긴장하는 사람이 많습니다.(지금 이 책을 손에 들고 있는 여러분은 어떤가요?)

하지만 그림 속 인물들은 모두 웃고 있습니다. 각자 다른 환경에서 살고 다양한 입장에 처한 사람들이 함께 어우러져서 으하하, 후후훗, 흐흐흐 마음껏 웃으며 치매나 암, LGBTQ 같은 주제를 마주하고 있지요.

지금까지는 이러한 주제를 남의 일로만 여겼을지도 모릅니다. 하지만 '주문을 틀리는 요리점'에 가보고 '딜리트 C' 상품을 발견하거나 '레인보우 후로젝트'에 참가해 보면 지금껏 이들 주제를 바라보던 시각이 완전히 달라질 겁니다. 좀 더 자신과 가까운 일로 느껴지고 마음이 열릴 거예요.

"웃을 수 있는 혁명"

언제부터인가 제가 이끄는 프로젝트는 이런 이름으로 불리고 있습니다. 하지만 한편에서는 "당신이 진행하는 프로젝트는 진지하지 못하군요"라는 핀잔을 듣기도 합니다.

뭐, 그렇게 여긴다 해도 어쩔 수 없다고 생각해요. 역시 사회 과제는 좀 더 심각한 표정으로 대해야 하는 일이구나 싶어서요. 그 사실을 잘 알면서 저는 왜 진지하게 접근해야 할 사회 과제를 '웃을 수 있는' 기획으로 다루고 있을까요?

그건 바로 제가 몇십 년 동안 일해오면서 '전해지지 않는' 경험을 했기 때문입니다. 저는 현재 회사를 창업해 다양한 기획을 하고 있습니다만, 이전에는 NHK 방송국에서 15년 가까이 방송 프로그램을 제작하는 연출가였습니다. 방송 연출가의 역할은 프로그램을 기획, 취재, 촬영, 편집해 방영함으로써 중요한 정보를 널리 전하는 일이지요.

연출가로서의 제 경력은 NHK 야마가타山形 방송국에서 시작되어 그 후 도쿄東京 방송국 내 제작국으로 발령 받아, 주로 〈클로즈업 현대クローズアップ現代〉, 〈NHK 스페셜NHKスペシャル〉 같이 사회문제를 다루는 프로그램이나 〈프로페셔널, 일하는 방식プロフェッショナル 仕事の流儀〉이라는 다큐멘터리를 제작했습니다. 모두 NHK다운 구석이 있는, 여러분도 제목 정도는 들어본 적이 있는 프로그램일지도 모릅니다. 다만 저는 프로그램을 만들면서 줄곧 개운치가 않았습니다.

분명히 심혈을 기울여 만든 방송인데도 도무지 세상 사람들에게 '제대로 전해졌다!'는 실감이 나지 않았던 겁니다. 아니, 실감이 났다, 안 났다, 하는 수준의 이야기가 아니라 실제로 시청률 0퍼센트라는, 다시 떠올리고 싶지도 않은 결과마저 내놓았으니까요(0이니까 냈다고 표현할 수도 없지만……).

연출가는 자신이 정말 중요하다고 생각하는 것, 이 시

대에 반드시 전해야만 한다고 믿는 메시지를 세상에 전하기 위해 애씁니다. 그러나 쉽지 않습니다. 왜 이렇게도 전달되지 않는 걸까? 안타깝고 분한 마음을 꾹 눌러 참고 날마다 프로그램을 만들면서 언제부터인가 이런 생각이 들었습니다.

'아무리 중요한 메시지라도 결국 전달되지 않는다면 존재하지 않는 것이나 다름없다'

자신이 중요하게 생각해도 그 의미와 의도를 전하기는 참 어렵습니다. 만약 전해지지 않았다면 그것은 이 세상에 존재하지 않는 것이나 다름없지요.

이 사실을 절실히 느꼈던 저는 어떤 사건을 계기로 '프로그램을 만들지 않는 연출가'를 자처했습니다. 연출가인데 프로그램을 만들지 않는다니, 그게 말이 되냐고 의아해할지도 모르겠지만 이 갑갑한 상황을 뒤바꾸려면 이 방법밖에 없다고 생각했던 거지요. 프로그램이라는 틀을 벗어나 기획 방법을 처음부터 다시 궁리했습니다. 프로그램을 떠나서 많은 사람에게 중요한 정보와 가치를 전하려면 어떻게 해야 할까? 새로운 전달 방법을 계속 연구하고 떠오른 기획을 형태로 만들어보았습니다. 그리고 시행착오를 수없이 겪으면서 문득 깨달았지요. 바로 '바람'보다는 '해님'식 접근법이 뭔가 더 굉장한 일을 일으킬 수 있다는 사실이었습니다.

'해님'의 접근 방식을 취하면 많은 사람에게 정보가 전달될 뿐만 아니라, 그 주제에 관심이 없었던 사람들까지도 쉽게 다가와 어느 순간 갑자기 세상에 커다란 물결이 일기도 합니다.

되돌아보니 저는 늘 똑같은 패턴으로 방송 프로그램을 만들고 있었습니다. '이 문제는 심각하군!', '이대로 내버려 두면 위험하다고!', '자, 여러분은 어떻게 하겠습니까?' 이런 식으로 휘익휘익 차가운 '바람'을 일으켜 불안감과 공포심을 부추기며 메시지를 전해온 겁니다. 물론 이런 방식이 필요할 때도 있지만 그것만으로는 부족합니다. 세상 사람들 대부분은 제가 중요하다고 생각하는 주제에 거의 관심이 없기 때문이지요. 그렇게 '남의 일로만 여기는' 사람들에게 혼신을 다해 메시지를 던져봐야 '왠지 무섭군' 혹은 '이제 그만 좀 하지' 하며 전보다 더 외면당할 것이 뻔합니다.

그래서 우화 속 나그네가 자신도 모르는 사이에 코트를 벗듯이, 모두가 자연스럽고 긍정적으로 관심을 보이게 만드는 '해님' 같은 기획을 해보고 싶었습니다.

제가 지금까지 메시지를 전해본 경험 속에서 시행착오를 거치면서 제 나름대로 찾아낸 '해님' 같은 접근 방식은 '웃을 수 있는 혁명'입니다. 어차피 혁명을 일으킬 거라면 와하하 웃음이 나오는 유쾌한 혁명을 하고 싶습니다.

누구나 무심코 동참하고 싶어지는 기획. 일단 접하고 나면, 결코 웃을 수 없는 사회문제를 보는 시각이 확 바뀌어 조금은 자기의 일처럼 느껴지는 그런 기획 발입니다.

다만 아무리 이상적인 이야기를 해도 '진지하게 다루어야 할 문제를 웃으며 생각한다니 너무 장난스러운 것 아냐?' 하는 꼬리표는 늘 따라다닙니다. 안일하게 기획하고 실행했다가 행여 누군가에게 상처를 입힐 수도 있습니다.

그렇다면 어떻게 해야 할까요?

"현실 속에 있는 이상을 붙잡아라"

이 말은 너무 장난스러운 거 아니냐는 물음에 대해 고민할 때 제가 중요하게 여기는 감각입니다.

저는 멋대로 착각에 빠진 채 재미만을 추구하는 기획은 지양합니다. 물론 가만히 책상 앞에 앉아 골똘히 생각하고 있자면 갖가지 이상적인 그림이 떠오릅니다. '치매와 함께 살아간다'라든지 'LGBTQ에 대한 이해도를 높인다' 같은 표현은, 실현되기만 하다면 정말 이상적일 겁니다. 저도 그렇게 누가 들어도 바람직하다고 생각할 만한 표현을 사용하고 싶지만, 아무래도 그런 말을 쓰거나 표정으로 말하면 왠지 모르게 거짓말하는 것 같은 느낌이 듭니다. 이상을 좇거나 이상만을 읊어대기 시작하면 그 이상이 너무나도 먼 것처럼 느껴져서 저 같은 사람은 자신과의 접점을 좀처럼 찾아내지 못할 것입니다.

우리의 눈앞에 있는 것은 어디까지나 현실입니다.

그리고 현실이란 대개 재미도 없고 빡빡하며 때로는 외면하고 싶은 일도 있기 마련이지요. 하지만 자세히 보면 그 속에서 무심코 웃게 되거나 '응? 이게 뭐지?' 하고 손을 뻗어 만져보고 싶을 정도로 빛나는 이상적인 풍경을 발견하기도 합니다.

〈주문을 틀리는 요리점〉으로 예를 들면, '실제로 주문한 햄버그스테이크가 아니라 만두가 나왔는데도 그 만두를 맛있게 먹는 할아버지와 할머니가 담긴' 풍경입니다.

〈딜리트 C〉를 예로 들면, 'Cancer라는 단어에 한 줄의 선이 쓱 그어진 명함'이라는 풍경이 있었습니다. 자세한 내용은 본문에서 보도록 하지요.

제가 〈주문을 틀리는 요리점〉을 비롯해, 진지하지 못하다든가 장난스럽다는 말을 듣곤 하는 프로젝트를 추진할 수 있었던 이유는 이처럼 '현실 속에 있는 이상적인 풍경'을 제 마음속에 갖고 있었기 때문입니다. 저는 이 이상적인 광경을 확장하거나 살짝 변화를 주어 기획합니다. 제가 하는 기획에는 근본이 되는 원 소재가 분명히 있습니다.

그래서 아무리 주위 사람들이 진지하지 못하다고 지적해도, '하지만 정말 멋지고 이상적인 풍경을 보았는 걸요' 또는 '그 풍경에 마음이 움직였는데요' 하고 대답할 수 있을 만큼 진실된 마음이기에 기획을 밀고 나갈 수 있습니다.

때로는 누군가에게 상처 입히는 게 아닐까 너무도 두려운 나머지 다리를 옴짝달싹 못 할 것 같은 때도 있습니다. 하지만 전해지지 않으면 존재하지 않는 것이나 다름없으니까요. 정말로 중요하다고 생각하는 메시지라면, 진심으로 전하고 싶다면, 할 수 있는 모든 준비를 해서 단 1밀리미터라도 앞으로 나아갈 수 있는 기획에 도전하려고 합니다. 이제 제가 최근 7~8년 동안 많은 동료와 한마음으로 실현해 온 프로젝트를 사례로 들어 이야기를 전개하려 합니다.

그중에는 100만 명이 참가하거나 150만 다운로드 수를 달성하기도 하고 통틀어 5천만 명에게 메시지를 전하기도 했으며 동영상 조회 수가 1억 5천만 회를 기록하거나 세계 150개국이 넘는 곳에 닿는 등 상당히 활발하게 진행된 프로젝트도 있습니다.

다양한 일에 도전해 시행착오를 겪으면서 나름대로 깨닫고 배우면서 '웃을 수 있는 혁명'을 어떻게 만들었는지 그 방법을 최대한 구체적으로 전해드리고자 합니다.

우선 1장에서는 제가 사람들에게 메시지를 '전하는' 일을 마주하게 된 배경을, 대학생 때부터 30대까지의 인생을 돌아보면서 이야기해 보겠습니다.

그리고 2장부터 6장까지는 소중히 여기는 메시지를 유형의 무언가로 만들어 많은 사람에게 확실히 전달하는 과정에서 제가 중요하게 여기는 사고법을 기획, 표현, 실현, 전달, 태도의 다섯 가지 요소로 나눠 순서대로 하나씩 소개하려고 합니다.

이 책을 계기로 적어도 세상이 따뜻하고 재미있고, 조금은 긍정적인 분위기로 나아간다면 좋겠습니다.

목차

1장

배경

전하고 싶은
메시지가 있나요?

TV를 보지 않는 TV 연출가

제가 어쩌다가 '전하는 일'을 진지하게 생각하게 되었는지, 대학생 때부터 30대까지를 되돌아보며 이야기해 보겠습니다.

2002년 봄.

대학교 4학년을 앞두고 있던 저는 어찌할 바를 모르고 망연자실해 있었습니다. 당시 1200만 엔이나 되는 빚을 지고 있었기 때문인데요……(이 두 줄을 읽고 '맞아, 그런 일 생길 수 있어', '너무 잘 알지' 하고 생각하신 분이 있다면, 개인적으로 연락 주세요. 밤새 울면서 이야기 나눕시다).

왜 이런 일이 벌어졌는가 하면, 학생 시절에 활동한 아카펠라 동아리에서 알게 된 사람과 인터넷 TV 회사를 설립했습니다. 소위 학생 창업이었지요.

당시는 상점가라든지 길거리에서 노래를 부르는 스트리트 뮤지션이 인기를 끌어 포크 듀오 '유즈ゆず'나 '고부쿠로コブクロ' 같은 유명한 뮤지션이 잇달아 탄생한 시대였습니다. 제가 다니던 대학교 근처의 상점가에도 많은 스트리트 뮤지션이 꿈을 품고 모여들었지요.

유튜브가 없던 시대였는데 저는 엄청난 재능을 가진 사람들이 묻히지 않길 바랐습니다. 그래서 그들의 음악을 발표할 수 있는 자리를 인터넷상에 만들고자 창업하기로 마음먹었습니다.

저는 투자자를 모집하려고 하루하루 고군분투하며 그 일에 푹 빠져 지냈습니다. 그때까지는 쉽게 달아올랐다가 쉽게 식고 마는 성격이었던 제가 인생에서 처음 뜨거운 열의로 타올랐던 일이었지요. 그래서 취직할 생각도 없었고 대학교를 졸업하면 당연히 사업을 크게 확장하려고 생각했습니다.

그런데 대학교 3학년이 끝나가던 어느 날, 공동 대표를 맡고 있던 파트너가 자금을 몽땅 챙겨서 그대로 사라졌습니다. 그 금액이 1200만 엔이었죠. 회사를 세우기도 전에 전 재산을 날린 겁니다. 제 장래의 비전은 한순간에 백지로 돌아갔고, 출자해 준 사람들에게 투자금을 돌려주기 위해 취업을 하지 않을 수 없게 되었습니다. 저는 취업 사이트에 등록하고 입사 지원을 시작했지요.

하지만 모르는 것투성이었습니다. 제가 어떤 업계에 적성이 있는지, 그해의 채용 일정이 언제부터 시작되고 어떤 과정으로 이루어지는지조차도 말입니다. 하지만 돈은 빨리 돌려줘야만 했기에 저의 순수한 관심 분야를 실마리 삼아 취업 준비를 하기로 했습니다.

저는 개그 콤비 '다운타운DOWNTOWN'을 너무 좋아해서 그들이 사회를 맡은 프로그램의 본방 사수는 당연했고, 녹화까지 해서 그야말로 테이프가 닳아 해질 때까지 수도 없이 돌려보았습니다. 두 사람의 재치 있는 만담과 콩트 한마디 한마디를 머릿속에서 바로 재생할 수 있을 정도로 좋아했습니다.

또 한 가지 제가 좋아하는 것은 논픽션이라는 장르였습니다.

특히 저는 『나는 아직 도착하지 않았다』 등으로 유명한 논픽션 작가 사와키 고타로沢木耕太郎의 작품을 무척 좋아했습니다. 그의 취재 스타일과 시원시원한 문체가 너무 좋아서 언젠가 그와 같은 글을 써보고 싶었지요. 그리고 TV 방송국과 논픽션이라는, 좋아하는 두 가지를 동시에 만족시켜 줄 것 같은 회사가 있다는 사실을 깨달았습니다.

바로 NHK입니다. NHK는 TV 방송국이면서도 다큐멘터리라는 논픽션에 가까운 장르를 다루었지요. 저는 단순하게 NHK의 입사 시험을 봐야겠다고 생각하고 지원서를 받으러 갔는데, 바로 이틀 후가 지원 접수 마감일이었습니다. 큰일 날 뻔했다, 완전 행운이잖아! 하고 생각한 것도 잠시. 한 가지 중요한 사실에 생각이 미쳤습니다.

'아, NHK 방송을 본 기억이 없잖아!'

그랬습니다. 저는 초등학교를 졸업한 후로 NHK 방송을 본 적이 없었던 겁니다. 또렷이 기억이 나는 것은 어릴 적 보았던 유아 프로그램 정도였지요.

　더구나 다큐멘터리 방송은 본 적도 없는데, 큰일 났네. 하지만 지원 마감일이 이미 코앞에 닥쳤기 때문에 벼락치기로 몰아 본 다음 방송에 대한 감상을 그럴듯하게 써서 입사 지원서를 제출했습니다. 창업 이야기도 살짝 언급했는데, 그 사연이 면접에서 관심을 끌어 좋은 평가를 받았던 모양입니다. 파트너가 돈을 갖고 튀는 바람에 그 돈을 회수하려고 동분서주하던 시기에 마침 면접이 잡혔거든요.

　면접관이 "그 창업 이야기 말인데요, 그래서 어떻게 되었죠?"라고 질문하더군요.

　"그게 말입니다, 공동대표가 자금을 갖고 도망을 쳐서……" 하고 대답했더니 "네? 정말이요?! 그래서요?" 하며 무척 관심을 보이기에 "곧 꼬리를 잡을 것 같습니다만…… 그다음 이야기는 2차 면접에서 해도 되겠습니까?"라고 대답하자 폭소하더군요. 남의 불행에 대폭소하는 면접관이라니!

　2차 면접에서도 자금을 몽땅 털린 이야기뿐이었지요. "드디어 꼬리를 잡았습니다" 하고 진척 상황을 보고하듯 이야기했더니 역시나 면접관은 "그래서 어떻게 하셨어요?" 하고 물으며 더 파고들었습니다. "그 후 이야기는 다음 면접 때 해도 괜찮겠습니까?" 또 이렇게 말하자 "아, 여기서 끊으시나요?" 하며 기대하듯이 저를 바라보았죠.

이렇게 면접이 순조롭게 진행되어 임원 면접까지 갔으니 정말로 운이 좋았습니다.

임원은 마지막으로 이런 질문을 던졌습니다.

"오구니 씨는 다시 또 벤처기업을 창업할 생각입니까? 아니면 NHK에서 일하고 싶습니까?"

"NHK에서 일하고 싶습니다" 하고 곧바로 대답했습니다.

약간 의외라는 듯한 얼굴로 임원이 이유를 묻기에 NHK 명함을 갖고 싶어서라고 대답했습니다. 솔직한 심정이었어요. 학생 때 창업을 준비하면서 명함 때문에 상당히 고전했기 때문입니다.

수상쩍은 회사 이름이 쓰인 명함을, 누군지도 모르는 애송이가 내미니까 상대해 주지 않더군요. 당연한 일이겠지만, 그런 상황이 반복되니 꽤 힘들었습니다.

그에 비하면 NHK는 실제로 방송을 거의 본 적 없는 저도 이름을 알고, 아기부터 노인까지 모든 연령대와 접점이 있기 때문에 분명 일본에서 가장 이름이 알려진 조직이라고 생각했습니다.

저는 이 최강의 회사명이 쓰인 명함을 갖고 싶었지요. 그 명함으로, 만나고 싶은 사람을 모두 만나보고 싶었습니다.

그런 마음을 솔직히 대답한 며칠 후에 합격 통보를 받았습니다. 그래도 그렇지, 자기네 방송을 거의 본 적이 없는 인간을 채용하다니 NHK는 정말로 포용력 있는 회사구나 싶었습니다.

NHK의 사와키 고타로가 되고야 말겠어!

NHK 입사가 결정되었을 때, 시청자들에게 전하고 싶은 소재를 찾으면 그 대상을 철저하고 집요하게 취재하겠다고 마음먹었습니다. 이런 열정을 갖게 된 것은 순전히 사와키 고타로 선생의 영향입니다.

보통 논픽션이나 다큐멘터리를 제작하는 현장에서는 '전달하는 자'가 중립적인 존재로, 다루는 대상에 가능한 한 관여하지 않는 편이 좋다는 인식이 지배적이었습니다.

하지만 사와키 씨는 정반대입니다. 취재 대상에 엄청나게 관여하거든요.

사와키 고타로의 초기 대표작으로 『한순간의 여름─瞬の夏』이라는 책이 있습니다. 무대의 뒤안길로 사라진 전 프로복서 가시아스 나이토ヵシアス內藤가 다시 세계 챔피언에 도전하기까지의 모습을 그렸는데, 이 작품에서 사와키 씨는 자신을 대상과 어느 정도 거리감을 유지한 객관성 있는 저자가 아니라 그 이야기의 당사자로 등장시킵니다.

이는 사와키 씨가 확립한 〈'나' 논픽션〉이라고 불리는 새로운 방식으로, 자신이 본 것 이외에는 쓰지 않겠다는 의지가 담겨 있습니다. 대상과의 거리감은 이미 무너진 것이지요. 사와키 씨는 의욕을 잃은 선수들을 고무시켜 세계적인 경기에 최대한 빨리 재도전할 수 있게 하려고 어려운 경기를 성사시키기도 하고 시합에 필요한 자금을 융통하느라 애썼습니다.

저는 사와키 씨가 쓴 이 책을 읽으면서, 작품을 '쓰는' 행위를 넘어 인생을 건 그의 열의에 압도되었습니다. 그리고 '이 사람은 무언가를 전하기 위해서 얼마나 큰 리스크를 짊어지고 있는가' 하고 등골이 오싹할 정도의 광기마저 느꼈습니다.

사와키 씨가 가시아스 나이토 선수에 대해 경의와 동시에 증오나 혐오 같은 감정을 품을 정도로 대상에 깊숙이 관여하는 모습에 감동이 북받쳐 오르더군요. 게다가 결국은 작품으로 완성해 많은 사람에게 메시지를 전하는 모습이 정말로 멋있었습니다.

제가 그에게 매료된 가장 큰 요인은 취재와 작품 속에 항상 '나'가 있다는 사실이었습니다.

사와키 씨는 너무나도 주관적이고 볼품없는 자기 모습도 다 드러낼 각오로 작품을 만듭니다. '객관적이고 중립적'이어야 한다고 생각했던 논픽션에 대한 선입견이 단번에 뒤집히는 데에 묘한 흥분과 통쾌감을 느꼈습니다.

이렇게 제가 독특한 경위로 NHK에 입사해 '메시지를 전하는' 일을 직업으로 삼게 되었을 때 맨 처음 떠오른 생각은 역시 사와키 선생의 태도, 즉 '나 자신이 주어가 되어 중요한 메시지를 고스란히 전하려는 자세'였습니다.

연출가의 일은 'Tele-Vision'

우선 방송국의 프로그램을 알아야 뭘 해도 할 수 있겠다는 생각에, 신입사원으로 발령받은 야마가타 방송국의 창고에 틀어박혀서 과거에 방영되었던 프로그램의 아카이브를 모조리 보았습니다.

그러자 거기에는 그때까지 알고 있던 텔레비전 방송과는 완전히 다른 세계가 있었습니다. 한마디로 말해서, 기가 막히게 재미있었어요. 개그 프로그램밖에 보지 않던 제가 아는 '재미'와는 전혀 다른 재미가, 거기에 있었던 겁니다.

소설가 이노우에 히사시井上ひさし 씨가 '어려운 것을 쉽게, 쉬운 것을 깊게, 깊은 것을 재미있게'라는 말을 했는데 NHK 프로그램이야말로 바로 그거다! 싶었지요.

가령 〈NHK 스페셜〉 프로그램 중에 '요코하마 VS PL학원, 연장 17회 격전 끝에' 편이 있습니다. 요코하마 고교의 괴물 투수 마쓰자카 다이스케松坂大輔[3]와 PL학원이 벌인 1998년 여

---

③   1980년생. 전 프로 야구선수

름의 고시엔④ 준결승전의 기록인데, 이 방송의 핵심은 '3루 코치의 목소리'입니다.

보통은 이 방송이 주요 인물인 괴물 투수 마쓰자카를 축으로 그려질 거라고 상상하잖아요? 하지만 예상과 달랐습니다. PL학원의 3루 코치가 요코하마 고교 포수의 미묘한 동작 신호의 변화를 알아차리고는 마쓰자카 투수가 다음에 던질 공이 스트레이트인지 변화구인지를 읽어낸 것입니다. 그러고는 스트레이트라면 "가자, 가자!" 하고 외치고, 변화구라면 "노려, 노려" 하고 소리를 질러 자기 편 타자에게 신호를 보내고 있었습니다.

고교 야구에도 이렇게 섬세한 고도의 세계가 있었구나 하고 놀랐습니다. 게다가 이 방송이 대단했던 점은, 시합하는 영상과 선수들의 인터뷰만으로 이루어진 독특한 구성이었습니다. 다른 장면은 거의 없었습니다. 별생각 없이 보면 단지 시합의 중요한 장면만 추려 알기 쉽게 요약한 것인 데다가 결과도 이미 알고 있어 지루하게 느껴지기 쉽습니다. 그런데 '볼 한 개', '목소리 하나'를 조명했더니 굉장히 깊이 있고 풍부하면서도 자극적인 세계가 펼쳐지는 겁니다.

저는 일하다가 틈만 나면 창고 안으로 달려 들어가 손에

---

④   일본의 전국 고교야구선수권대회

땀을 쥐고 흥분해 가며 방송을 보았습니다.

　동서 냉전의 상징이었던 베를린 장벽의 붕괴를 일으킨 계기는 사실 남자들 여럿이 도모한 '유럽 피크닉 계획'이라는 기묘한 이름의 프로젝트였다는, 특종감인데도 알려지지 않은 사실을 장대한 이야기로 엮은 방송도 있었고, 어린이집 아이가 진흙 경단을 만드는 데 몰두하는 모습을 통해 아이들의 호기심을 어떻게 발달시킬지에 관한 과제를 깊이 생각하게 하는 다큐멘터리도 있었습니다. 단 5분짜리 뉴스 리포트에도 새로운 정보와 자극, 흥분이 있었습니다.

　저는 프로그램을 한 편 한 편 보면서 영상과 내레이션을 모두 기록하고 제 감정을 흔든 장면에는 느낌표(!)를 남기면서 방송 구성을 재현한 필사 노트를 만들었습니다.

　그랬더니 내레이션을 하는 중간에 아주 잠깐 간격을 두는 요령이라든가 말 표현, 또는 화면의 순서 배열, 그리고 이야기에 복선을 깔고 나중에 큰 카타르시스를 만들어내는 스토리텔링의 묘미 등 여러 장치가 복잡하게 얽혀서 보는 이의 감동과 경탄을 이끌어낸다는 것을 알게 되었습니다.

　NHK는 한 달간의 신입사원 연수가 끝나면 바로 방송 프로그램을 만들게 합니다. '한 달 동안 배웠으니 이제 다 알겠지? 그럼 기획을 해보자고. 어서 프로그램을 만들어봐요!' 하고 신입에게는 다소 무리한 업무를 요구합니다. 초보자인

나도 내일부터 바로 사용할 수 있는 유용한 정보가 없으려나…… 그런 궁리를 하다가 문득 'TV'의 어원을 조사해 보자는 궁금증이 일었습니다.

지금까지 텔레비전, 또는 TV라는 말을 당연하게 사용했는데, 어떤 의미를 지닌 말이었지?

사전을 펼쳐 보니 TV는 '텔레비전television'의 약어라고 쓰여 있었습니다. 'tele'는 그리스어로 '멀리 떨어진'이라는 뜻이고 'vision'은 라틴어로 '시야'를 의미합니다. 결국 TV는 '멀리 떨어진 것을 시야에 비춘다'라는 의미를 지닌 말이더군요.

그래서 TV 방송에서는 멀리 떨어진 곳에 있는 에베레스트나 아마존, 우주를 비추는 거구나. 또한 멀리 떨어진 것은 자연에만 국한되지 않고, 그 밖에도 셀 수 없이 많다는 사실을 깨달았습니다.

이를테면 회사 안에서 이루어지는 실제 교섭도 쉽게 볼 수 없는 장면이니 'tele'라고 할 수 있습니다. 사람의 마음도 마찬가지이지요. 쉽게 이해할 수도 없고 애초에 비출 수가 없으니 이 또한 'tele', 사회 과제도 역시 평소 일상에서 의식하지 않는 경우가 많으며 알려지지 않은 문제도 부지기수입니다. 그래서 이것도 'tele'인 것이지요.

그렇게 생각하니 창고 안에서 줄곧 본 TV 방송이 모두 연결되더군요. 3루 코치의 목소리도, 베를린 장벽 붕괴로 이어진 비밀 계획도, 모든 방송이 아무도 모르는 정보나 본 적이 없는 장면을 비추고 있었습니다. 아! 이렇게 멀리 있거나 잘 몰랐던 것을 비추는 일이구나! 눈앞에 뿌옇게 끼어 있던 안개가 순간 싸악 걷혀서 시야가 맑아지는 느낌이 들었습니다. 제가 목표로 할 방향성이 확실히 정해진 것 같았지요.

방송 프로그램을 만드는 스킬은 아직 부족하니까 서툴 수밖에 없지만 아무도 본 적이 없는 풍경을 단 한 장면이라도, 한 컷이라도 담을 수 있으면 좋겠다. 단 하나라도 좋으니까 아무도 접하지 못한 정보를 찾아내자. 우선 이 한 가지 목표를 저 자신의 규칙으로 삼았습니다.

'멀리 있는 것을 비춘다'. 이것이 제게 tele-vision, 즉 텔레비전이 되었습니다.

전하고 싶은 마음만으로는 기획이라고 할 수 없다

'Tele-Vision'이라는 말의 의미를 되새긴 일을 계기로 내가 나아갈 방향성도 확실히 정했겠다, 의욕에 차서 프로그램을 만들기 시작했습니다. 그러나 마음처럼 잘되지 않았습니다. 헛물켜는 것 같은 느낌에 괴롭기만 했습니다.

한 가지 사례를 들자면, 폐지하기로 결정된 지방 경마장에 관한 프로그램을 만들려던 때의 일입니다.

사와키 선생을 너무나 동경하던 저는 당당하게 "마방에 묵으면서 취재하겠습니다!" 하고 상사에게 출장을 보고했습니다. 사와키 고타로 선생의 작품 중에 경마를 주제로 한 『이시노히카루, 너는 달렸다イシノヒカル、おまえは走った』라는 명작이 있는데, 사와키 씨는 경주가 열리기 일주일 전부터 이시노히카루⑤라는 경주마를 관리하는 마방에 묵으면서 취재를 했다고 합니다.

그래서 저도 자연스럽게 마방에서 묵으면서 취재해야 한다고 생각해 그렇게 보고했는데 상사가 "그럴 필요 없으니까 집에서 다니면서 취재해!" 하고 웃으면서 거절하더군요.

저는 '아니, 너무 열정이 없는 거 아냐!' 하는 생각에 화가 났습니다. 그렇게 해서 어디 되겠냐고 말이죠. 정말로 재미있는 프로그램을 만들고 싶다면, 제작자의 뜨거운 열정이 전해져 영원히 회자되는 프로그램을 만들고 싶다면 그렇게 열정 없이 일하시면 안 되잖아요! 상사의 무딘 감각을 한탄했습니다.

그런데 상사의 판단이 옳았습니다. '뜨거운 열의'와 '전하고 싶다는 마음'만으로는 제대로 된 기획을 할 수 없다는

---

⑤　일본중앙경마회에 소속되어 있던 경주마로 1972년 기쿠카쇼菊花賞를 타며 우승했다

사실을 곧 깨달았으니까요.

입사한 지 반년쯤 지나서 저는 처음으로 다큐멘터리 프로그램을 만들게 되었습니다. 주제는 한 '장애인 보조견' 이야기입니다.

장애인 보조견이란 팔다리에 장애가 있는 사람을 돕기 위해 특별 훈련을 받은 개를 말합니다. 훈련받은 개에게 "주워 줘" 하고 말하면 물건을 입으로 물어서 건네줍니다. 그 밖에도 가져다 달라고 시킨 물건을 물어 오거나 문을 여닫는 일, 옷을 벗을 때 보조하는 일까지 생활 속의 여러 상황에서 도와줍니다.

2003년 당시 일본에서는 장애인 보조견 육성이 본격적으로 시작된 지 얼마 안 되었는데, 제가 있던 야마가타현에는 일본 최대 규모의 보조견 트레이닝 센터가 있었습니다. 저는 그곳에서 뇌성마비인 여동생을 위해 보조견을 기르고 있다는 여성 훈련사를 만나 취재할 수 있었습니다.

잘될 거라는 확신이 들었습니다. 보조견에 관한 정보는 아직 모르는 사람이 많았으니까요. 게다가 여동생을 생각하는 언니의 애틋한 심정에 저는 가슴이 뭉클했습니다. 이 기획은 어떻게 해서든지 꼭 좋은 결과물로 만들어내고 싶다, 소중하게 다루고 싶다는 생각으로 훈련사의 여동생과 부모님을 만나러 후쿠시마福島縣에도 수차례 찾아가 이야기를 들었습니다. 트레이닝 센터와 후쿠시마를 반년 정도 오가다가 이제 슬슬 부탁해도 되지 않을까 싶어서 가족에게 촬영 허가를 받기 위해 찾아갔을 때였습니다.

"촬영은 하지 않겠습니다"라고 단호하게 거절하더군요.

그동안 그분들과 단단한 신뢰 관계를 쌓아왔다고 믿고 있었기에 거절을 당하고 머리를 얻어맞은 듯한 충격을 받았습니다. 왜……? 어째서?

한동안 침묵이 흐른 뒤에 그들은 이렇게 말을 덧붙였습니다.

"오구니 씨가 싫다거나 그런 건 아니에요. 이렇게 여러 번 찾아와 주시고 저희 이야기를 진지하게 들어주셔서 감사하게 생각하고 있습니다. 하지만 촬영을 수락하는 것은 다른 얘기입니다."

저는 머릿속이 새하얘졌고 다시 설득하기 시작했습니다. 제가 얼마나 열정을 쏟아서 이 주제를 다루고 있는지를 설명했지만 끝내 가족분들의 마음을 열 수는 없었습니다.

실의에 빠져서 방송국으로 돌아와 상사에게 의논했는데 이어지는 상사의 말에 아무런 반론도 제기할 수 없었습니다. "지금, 왜, 이것을 전하려고 하는지, 그런 고민이 부족한 거 아닐까?"

들이대는 카메라를 마주해야 하는 가족들의 심정이 되

어보면 당연한 일입니다. '왜 우리가 카메라 앞에서 우리를 다 드러내야 하는 거지?' 하는 생각이 들 게 분명합니다. 자신의 생각과 행동, 그리고 소중한 가족들의 모습이 전국에 노출되는 거니까요. 카메라가 폭력적으로 느껴질 수 있다는 사실을 전혀 자각하지 못했던 저는 이때 처음으로, 카메라로 비추는 일이 가진 폭력성을 이해했습니다. 그러니 '당신의 에너지나 열정 같은 건 아무래도 상관없다고!'라고 반응하는 게 당연합니다.

개인의 의지와 열정만큼이나 '대의'라는 요소도 중요하다고 깨달은 것이었지요.

상사가 물었던 "지금, 왜, 이것을 전하는가?"라는 질문이 '대의'를 의미한다고 생각합니다. "자네에게는 대의가 있는가?" 하는 과제를 던져준 것이었어요.

그때 저는 그에 대한 답을 나름대로 정리해서 다시 그 가족을 찾아가 이렇게 이야기했습니다.

"장애인 보조견이 팔다리를 자유롭게 사용하지 못하는 사람들의 '삶의 질QOL: Quality Of Life'을 향상시킬 가능성이 크기에 현재 보조견을 원하는 사람은 전국에 1만 명 정도 있다고 합니다. 하지만 일본에는 20마리 남짓이라 아직도 보편화되지 못하는 실정이지요. 2002년부터 '신체장애인 보조견법'이 시행되면 앞으로 보조견도 점점 더 많아질 겁니다. 때문에 지금이야말로 보조견 훈련에 도전하는 자매와 가족의 모습을 통해 보조견이 갖고 있는 희망과 가능성을 많은 사람에게 전하는 일이 의미를 갖는다고 믿습니다."

가족들은 제 말에 조용히 귀를 기울이더니 "그런 의미라면 저희 가족도 촬영에 협력하지요" 하고 승낙해 주었습니다. 그 후, 일 년 반에 걸쳐 촬영하고 뉴스 보도 프로그램 〈클로즈업 현대〉에서 '파트너는 보조견'이라는 제목으로 전국에 방송을 내보낼 수 있었습니다.

'지금, 왜, 이것을 전하는가?'

그 후로도 저는 일하는 동안 이 물음을 잊지 않았습니다. 자신이 중요하다고 생각하는 메시지를, 열정을 갖고 전한다는 독단적인 자세만으로는 객관성을 갖출 수 없으며 무슨 말을 하든 아무에게도 신뢰받지 못합니다. 한 발짝 뒤로 물러나 객관적인 시각을 가진 사람이 '중요하다'고 말해야 시청자가 진심으로 귀담아 들어줍니다. 이렇듯 NHK에서는 전달자가 지녀야 할 기본적인 자세를 배웠습니다.

TV를 보지 않는 젊은 층 'U59 문제'

NHK는 상당히 중요하고도 어려운 과제를 안고 있었습니다. 그것은 'U59 문제'라고 불리는 것인데, 바로 'Under 59', 즉 59세 이하인 연령층, 특히 20대와 30대 젊은이들에게 프로그램 정보가 전달되지 않는다는 문제를 가리킵니다.

　TV 시청자는 빠른 속도로 고령화가 진행되고 있으며 특히 NHK의 경우는 65세 이상이 주 시청자층을 이루고 있었습니다. 저도 제작에 관여했던 〈프로페셔널, 일하는 방식〉의 시청자 조사를 실시했더니 프로그램을 가장 많이 보는 시청자층이 '60대 독거 남성'이라는 충격적인 결과가 도출된 적이 있습니다. 물론 고령자분들이 봐주는 것은 매우 감사한 일입니다.

　하지만 원래 이 프로그램은 현역 세대를 이루는 20~50대 연령층, 혹은 대학생, 중·고등학생 등 앞으로 사회에 나갈 젊은이들을 고무시키고 내일로의 한 걸음을 자신 있게 내디딜 용기를 줄 수 있는 방송으로 만들자는 취지로 시작된 프로그램이거든요. 저 역시도 젊은 세대에게 메시지를 전하고 싶었기에, 가장 전하고 싶었던 타깃에게 방송이 전달되지 않고 있다는 사실은 몹시 괴롭고 분한 일이었습니다.

　저는 기획이란 건, 전달되어야 의미가 있다고 생각합니다. 시청자가 봐주지 않으면 아무 의미가 없습니다. 아무리 심혈을 기울여 만들어도, 자신이 진심으로 중요하다고 생각하고 아주 훌륭한 작품을 만들었다고 해도 그 방송을 보는 시청자가 없으면 이 세상에 존재하지 않는 것이나 다름없습니다.

젊은이들에게 방송을 알리려면 그에 적합한 방법을 찾기 위한 연구와 노력이 필요하다는 것은 알고 있었습니다. 저뿐만 아니라 NHK에서 방송 제작에 관여하는 사람이라면 모두 알고 있지만 실천하기는 매우 어렵습니다. 당장 눈앞에 닥친 프로그램을 제작하느라 여념이 없지요.

취재처와 어려운 교섭을 꾀하면서 정보의 증거를 확보하고, 동시에 현장에서의 촬영을 거듭하면서 아울러 시청자들에게 재미도 함께 선사할 수 있는 연출과 구성을 생각해야 합니다. 그리고 편집에서는 1프레임(1/26초) 단위로 사용할 영상의 길이를 조정하고 자막이나 그림, 또는 음악을 삽입하는 방법을 검토해야 합니다. 이렇게 힘든 작업을 반복해 겨우 한 편의 방송이 탄생하는데, 그에 더해 더 많은 사람에게 '전해지는' 일까지 생각해야 한다니요!

기획한 방송과 메시지를 전하고 싶은 마음이 있고, 전달하지 않으면 의미가 없다는 것도 잘 알고 있었지만 거기까지는 도저히 생각할 수가 없습니다. 방송 연출가로 일하는 동안 프로그램을 만드는 즐거움도 있었지만 동시에 이러한 갈등이 끊이지 않았습니다.

더 이상 프로그램을 만들 수 없게 되다

그러던 저에게 큰 전환기가 찾아옵니다. 입사한 지 10년째 되던 해에는 〈프로페셔널, 일하는 방식〉 제작팀에 속해 하루하루를 바쁘게 보내고 있었습니다.

〈프로페셔널, 일하는 방식〉 제작팀은 제게 아주 특별한 곳입니다. 4년 남짓한 시간 동안 지낸 그곳은 제게는 제작의 '원점'이라고 할 수 있을 정도로 최고의 현장이었지요. 방송을 제작할 때의 마음가짐과 자세, 그리고 사물을 보는 시각 등 대부분은 이 팀에 있을 때 프로듀서와 동료, 취재 대상인 각 분야의 프로들에게 배웠습니다. 저에게는 더없이 근사한 환경이었지요.

그런데 2013년 봄, 한 달 반에 걸친 유난히 힘들었던 중국 로케location를 마치고 악전고투의 편집을 거쳤습니다. 그리고 상사와 편집자 등 많은 이들의 힘을 빌려 어떻게든 방송을 내보낸 지 일주일 후의 일이었지요. 뿌듯한 성취감과 안도감을 느끼며 버스에 올라탄 순간, 갑자기 퍽! 하고 가슴을 치받는 듯한 충격과 함께 심장이 폭발할 듯 심하게 고동쳤습니다. 식은땀이 멈추지 않고 흘렀고 숨도 제대로 쉴 수가 없었으며 시야는 점점 좁아졌습니다. 주위에 있던 사람들이 이상한 제 모습을 알아차리고 도와주려 했지만 상황은 조금도 나아지지 않았습니다.

나중에 알게 된 일인데, 보통은 60에서 80 정도여야 할 심박수가 당시에 250까지 올라갔다더군요. 하지만 몽롱해 저서 점점 의식이 흐려지는 가운데서도 제 머릿속에 떠오른 생각은 '이거 어쩌 재밌을 것 같은데?……'였습니다.

그런 사람은 꽤 강하고 끈질긴 법입니다. 한 번 의식을 잃고 호흡도 멈췄지만 다시 의식을 되찾았습니다. 다행히 생명에는 지장이 없었는데, 의사가 무시무시한 말을 전하는 겁니다. 제 병은 '심실빈맥'이라는 심장병으로, 심실이 갑자기 이상한 전기 신호를 내보내 부정맥을 유발하는 병이라고 하더군요. 만약 응급 상황이 발생했을 때 처치가 늦어지면 돌연사할 가능성도 있는 질병으로, 지금은 일단 안정을 되찾았지만 언제 또 재발할지 모른다고 했습니다. 말하자면 '지뢰'를 안고 있는 상태라고요.

의사는 "연출 일을 계속하시는 건 권하고 싶지 않습니다"라고 확실하게 못박았습니다. 말이 통하지 않는 해외에서의 오랜 로케도 피해야 하고 더구나 근처에 병원이 없는 지역에서 촬영 중에 발작이라도 일어나면 목숨이 위태롭기 때문이라고요. 저는 돌연 방송을 제작할 수 없는 처지가 되었지요. 서른세 살 때의 일이었습니다.

기왕이면 프로그램을 '만들지 않는' 연출가가 되자

저는 연출가로 일하는 것이 정말 좋았습니다. 아무도 본 적 없는 광경을 찍어 오는 일에 도전하는 것이 즐거웠으며 아무도 언급한 적 없는 정보를 누구보다 먼저 찾아내 사람들에게 전하는 직업에 아주 깊은 매력을 느끼고 있었습니다.

방송 프로그램을 만드는 기술도 조금씩 향상되고 있다고 실감했으니 아마도 연출가로서 한창 물 오른 시기가 아니었을까요. 그런데 하루아침에 뜻하지 않게 좋아하는 일을 잃고 만 것입니다. 슬프고 분해서, 그리고 무엇보다도 한심해서 견딜 수가 없었습니다.

방송을 만들 수 없는 연출가는 연출가가 아니라고 생각했거든요. 상사와 동료들은 무리하지 말라며 제가 사무실에서 일할 수 있게 리서치 업무를 배정해 주었지만 저는 그런 저 자신을 받아들일 수 없었습니다. 모두 죽을힘을 다해 방송을 만들고 있는데 혼자 정시에 퇴근하자니 마치 아무 일도 하지 않는 '식충이'처럼 여겨졌습니다.

3개월쯤 괴로움에 시달리면서 고통스러운 나날을 보냈습니다. 정말 최악이었지요.

병에 걸린 건 입사한 지 10년이 지났을 무렵으로 일이 너무나 즐거우면서도 한편으로는 U59 과제가 상징하듯이 방송이 시청자에게 전달되지 않는 문제가 줄곧 마음을 답답하게 짓누르던 시기였습니다. 프로그램을 점점 제대로 만들 수 있게 될수록 오히려 그 답답한 마음과 갈증이 커져서 더욱 괴로웠습니다.

'이렇게 대단한 사람을 취재했거늘, 대체 왜……'

'이렇게 중요하고 지금 반드시 알아야 하는 정보를 알려주는데, 대체 왜……'

'이렇게 재미있고 알기 쉽고 감동적인 방송을 만들었는데, 대체 왜……'

그래도 저는 시청자들이 외면할지도 모르는 프로그램을 필사적으로 만들었습니다. 전해야 한다는 대의를 품고 말이죠. 그 누구도 본 적 없고 접해본 적이 없는 Tele-Vision의 요소를 포착했기 때문에 만들고, 너무나 보람이 있는 일이라서 계속했습니다. 전해지지 않을 수도 있지만 그래도 열심히, 쉬지 않고 계속 만들었습니다…….

좋아하는 일을 하는 보람과 과제를 해결하지 못해 괴로운 심정 사이에서 꼼짝하지 못하는 동안, 제 자신이 무얼 위해 일하고 있는지 점점 종잡을 수가 없었습니다.

「배가본드バガボンド」라는 만화가 있습니다. 「슬램덩크」로 유명한 이노우에 다케히코井上雄彦의 작품으로 검호 미야모토 무사시가 주인공인데 거기서 이런 장면이 나옵니다.

천하무쌍을 목표로 일본 전역의 검호들과 끊임없이 대결하던 무사시는 마침내 교토의 명문가 요시오카 일족과의 격투 끝에 검객 70명을 무찌르고 천하무쌍에 다다른 상황에서 이렇게 말합니다.

"내리겠어, 서로 죽이는 나선계단에서."

이 장면을 읽을 때 저는 격하게 공감했습니다. 시공을 초월해 하이파이브 하고 싶을 만큼요. 베고 또 베어도, 아무리 검호들을 물리쳐도 끝이 보이지 않는 싸움의 나선계단. 빙글빙글빙글, 똑같은 광경을 끝없이 보는 듯한 착각을 느끼면서도 계단을 오르던 무사시는, 차츰 자신이 이제껏 목표로 삼아온 천하무쌍이란 과연 무엇인지, 자신은 대체 무얼 위해 싸움을 계속하는지 몰라 혼란스러워집니다. 이 장면이 마치 제 일처럼 느껴졌습니다.

저는 심장병에 걸려 방송을 만들지 못하는 연출가가 되어, 3개월 동안 가라앉고 또 가라앉다가 밑바닥에서 이렇게 생각했습니다.

'내리자, 방송 제작이라는 경쟁의 나선계단에서'

저는 이 생각을 막을 수 없다는 걸 깨달았습니다. 그동안 '말도 안 돼. 이 일을 그렇게도 좋아하는데' 하고 수도 없이 스스로에게 일렀지만, 3개월이 지날 무렵에는 방송 제작을 그만둘 결심을 굳히고 있다는 사실을 자각했습니다.

광고회사에서 만난 PR의 세계

방송 제작 일을 그만두기로 한 것까지는 좋았지만 앞으로 무얼 할지 아무 계획이 없었습니다. 고민을 이어가던 중에, 운 좋게도 상사가 뜻밖의 제안을 했습니다.

"교환 근무라고 아나? 대규모 광고회사의 PR^{Public Relations} 부서와 서로 인재를 맞바꿔서 새로운 감각을 익히게 하는 프로그램인데, 곧 시작된다고 해. 자네가 가보지 않겠나?"

저는 PR을 공부할 수 있는 다시 없을 기회라고 생각하고 냉큼 그 권유를 받아들였습니다.

'근데 PR이 뭐지?'

방송 프로그램을 만든 지 10년이 되었지만 저는 PR에 대해서는 생각해 본 적이 한 번도 없었습니다. 방송을 만드는 데 푹 빠져 정신없이 일하는 동안 '아, 연출가란 바쁜 직업이구나' 되뇌면서도 누군가에게 제대로 전달하고 있다는 실감도 하지 못한 채, 실제로 전해지지 않는다는 데이터를 목격하기도 했습니다. 그럼에도 '좋은 방송을 만들면 분명 전해질 거야' 하는, 기원에 가까운 마음으로 일해왔던 것입니다. PR이라는 단어를 들어본 적은 있지만 의미 같은 건 생각해 본 적 없었던 거지요.

그런 믿음은 텔레비전이 미디어의 왕으로 불리던 시대까지는 어느 정도 진실이었을지도 모릅니다. 하지만 인터넷이 등장하면서 좋은 방송을 만드는 것만으로는 전달하기 어려워졌습니다.

하루 동안 미디어에 접속하는 시간을 살펴보면 텔레비

전은 2010년에 172분이었으나 2020년에는 144분으로 줄었습니다. 하지만 휴대전화와 스마트폰 사용 시간은 2010년에 25분이었던 것이 2020년에는 121분으로 급증했습니다 (2021년 1월 29일 「생활자의 미디어 환경과 정보 의식」 주식회사 하쿠호도博報堂[6] 테크놀로지 R&D센터 보고자료). 텔레비전 시청 시간은 최근 10년 동안 계속해서 줄어들고 있습니다.

텔레비전을 둘러싼 환경은 가령 노인들에게 핫한 상점가 매장들에서 젊은 고객층까지 불러들이려면 상당한 지혜와 연구, 그리고 노력이 필요한 것과 마찬가지라고 할 수 있습니다.

그런데도 방송을 만드는 사람들은(적어도 저는) '좋은 프로그램을 만들면 분명 알아줄 거야' 하고 염불처럼 외기만 하면서 기적이 일어나기를 기다리고 있었던 셈이지요.

이제 텔레비전은 벌거벗은 임금님이나 다름없는 상태인데도 여전히 미디어의 왕이던 시절을 떠올리고, 현실에 안주한 채 아무런 노력도 하지 않았다는 생각이 듭니다.

그렇게 PR의 P자도 모르는 생초짜였던 제가 갑자기 PR의 세계로 뛰어들게 되었지요. 아, 그런데 이게 무척이나 재미있는 세계였습니다.

---

[6] 일본 대규모 광고회사로 본사는 도쿄에 있다

사람들과 친해지는 방법을 고안하는 일

광고회사에 가서 처음 맡은 업무는 국내외의 독특한 PR 사례를 수집해 살펴보는 일이었습니다. 그중에서 이런 사례가 있었습니다.

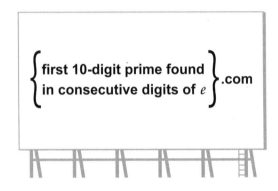

구글의 채용 광고. 수식은 '오일러 수(e)[7]의 숫자 나열에 제일 처음 등장하는 10자리 소수'를 가리킨다. 출처: 라즐로 복 『구글의 아침은 자유가 시작된다』

들여다봐도 '뭐야, 이거?'라는 말이 튀어나올 법한 간판이지만, 이 광고는 매사추세츠 공과대학에서 가장 가까운 역의 개찰구에 걸린 것으로 '이 수수께끼의 수식을 풀어서 얻

---

[7] 자연로그의 밑수이기도 한 오일러 수는 2.7182818128459...라는 값을 갖는, 소수점 아래로 끝없이 숫자가 이어지는 무리수

은 숫자+.com'의 URL을 넣으면 구글Google의 채용 페이지로 연결됩니다.

오오오오, 독특합니다. 이 미스터리 같은 문제를 푼 우수한 인재만이 채용 페이지까지 도달할 수 있기에 직원 채용에 드는 시간과 노고를 줄일 수 있는 데다가, 간판 하나니까 비용도 얼마 들지 않았을 겁니다.

이 간판 이미지는 순식간에 널리 퍼졌고 수많은 지원자가 있었다고 합니다(다만 나중에 구글의 인사 책임자는 '결국 엄청난 수의 이력서와 문의에 대응했을 뿐, 채용 성과는 제로였다. 터무니없는 자원 낭비였다'고 말했으니 채용이라는 목적을 이루지 못했다는 점에서 이 시책은 실패였을지도 모릅니다).

그러고 보니 이런 PR도 인상 깊었습니다. 버거킹이 미국에서 '샌프란시스코 프라이드 퍼레이드' 기간 동안 한정 판매한 햄버거가 있었습니다. 이 퍼레이드는 LGBTQ를 비롯한 성적 소수자sexual minority의 존재를 사회에 널리 알리고 다양한 사랑과 성의 존재 형태를 인정하는 의미를 지닌 행사인데, 햄버거는 행사의 테마 컬러인 무지개색 포장지로 싸여 있었습니다. '아, 특별한 햄버거인가 보네?' 하고 포장 종이를 열면 평소에 먹던 것과 똑같은 햄버거가 안에 들어 있을 뿐입니다. '뭐 이래!' 하고 의아해하며 햄버거를 다 먹고 나면 비로소 포장지에 글자가 나타납니다.

'We are all the same inside(우리의 내면은 모두 똑같습니다).'

흔한 햄버거가 전혀 다른 세계를 보여주다니 정말 멋지지요.

저는 교환 근무 기간에 다양한 사례를 닥치는 대로 수집해 살펴보면서 그야말로 눈이 번쩍 뜨였습니다. 전달하는 방법이 이렇게나 다양했다니요. 어떻게 전달하느냐, 그 방법 하나로 이렇게까지 사람들의 마음을 움직이고 행동하게 한다는 데 솔직히 감동했습니다.

사실 PR이 'Public Relations'의 약자라는 것도 이때 처음 알았습니다. 〈프로페셔널, 일하는 방식〉 방송을 만들던 시절에 "프로그램 PR을 더 적극적으로 합시다!" 하고 상사에게 강력하게 건의하기도 했는데 애초에 전 PR의 의미조차 제대로 몰랐지요.

비로소 알게 된 PR의 의미. 직역하면 '공공관계'라는 뜻입니다. 이 말을 제 나름대로 풀이하면 '세상의 다양한 사람들과 친해지기 위한 사고방식과 방법을 창조해 낸다'는 뜻이 됩니다.

자사 상품을 매력적이라고 생각하지 않는 소비자. 어떤 사회 과제에 대해 대충은 알지만 진지하게 생각해 본 적이 없을 게 분명한 세상 사람들. PR이란 그렇게 '아직 친해지지 못한 사람들과 새로운 관계를 맺고 가까이 지냅시다'라는 목표를 향해 가는 일이겠지요. 그리고 그 목표를 실현하는 방법은 텔레비전에만 한정되는 것이 아니라 훨씬 더 다채로울 것입니다.

그런 생각을 하니 가슴이 너무도 설레었고 마음속 깊은 곳에서 새로운 흥미가 솟구쳤습니다.

저는 모처럼 가슴이 두근거리는 분야에 발을 들여놓았으니 단순한 '공부'로 끝낼 게 아니라 그 기간에 저의 '실적'이 될 만한 작품을 만들어야겠다고 생각했습니다.

대개 유학이나 연수는 그 기간에는 좋아도, 막상 다시 직장으로 복귀하면 그 전까지 하던 일로 당연한 듯 돌아가 버립니다. '아, 그건 꿈이었나……?' 싶을 정도로 변함없는 일상이 흘러가지요.

하지만 이미 방송을 만들 수 없게 된 저로서는 그런 상황만큼은 피하고 싶었습니다. 아니 그보다는, 돌아와도 딱히 할 일이 없을 테니 교환 근무 기간 내에 어떻게 해서든 회사에 당당하게 보일 만한 실적을 내고 싶었던 거지요. 그렇게 실적을 통해 '비록 방송은 만들지 못하지만 다른 가치를 창출할 수 있는 사람'이라고 인정받고 싶었습니다. 그러지 않고는 제가 살아갈 길이 없다고 여겼기에 그 당시에는 필사적이었습니다.

실제로 크고 작은 기업의 PR 시책을 만들 기회를 자주 얻어서, 9개월의 교환 업무 기간 동안 꽤 많은 실적을 낼 수 있었습니다. 그리고 NHK로 돌아온 시기에 NHK 콘텐츠의 PR과 디지털 시책 전반을 기획, 입안하는 부서가 새로 생겨서, 제가 그 신설 부서의 유일한 연출가로 일하게 되었습니다.

입사한 지 11년째, 저는 마침내 '방송을 제작하지 않는 연출가'라는 전례 없는 직책을 만드는 데 성공했습니다.

객관적으로 바라보기

여기서 살짝 샛길로 빠지겠습니다.

이 교환 근무 프로그램이 제 인생에서 굉장히 큰 의미가 있었다는 걸 실감합니다. 그중에서도 가장 값진 성과는 제가 몸담고 있는 NHK를 비로소 객관적으로 보게 되었다는 점입니다. NHK에서 일하는 동안에는 솔직히, 텔레비전은 이제 한물간 콘텐츠이고 그중에서도 특히 NHK는 심각하다고 생각했습니다. 열심히 방송을 만들고 또 만들어도 사람들에게 전달된다는 실감이 나지 않았기 때문이지요.

실제로 통계상 수치로도 드러나는 게 없었습니다. 게다가 오랜만에 만난 중학교 친구가 "지금 뭐 만들어?" 하고 묻기에 "프로페셔널"이라고 대답한 순간 친구의 흔들리는 눈빛을 저는 놓치지 않았거든요(조금 전 네가 흥얼거린 음악, 그거 동시간대 타 방송국 프로그램 노래거든).

NHK에서 일하는 동안은 자신감이 없었습니다. 하지만 처음 회사 밖으로 나가 다른 회사에서 일해보니 갑자기 제 회사가 더없이 빛나 보이더군요.

이를테면 방송파를 가지고 있다는 것. 너무나도 당연해서 예전에는 깨닫지 못했는데 그것이 엄청난 가치라는 걸 비로소 알게 되었지요. 정말로 수많은 기업이 텔레비전의 정보 프로그램에서 단 10초, 15초라도 다루어주길 바라며 필사적으로 PR하고 있었습니다. 그 모습을 가까이서 보며 방송파를 소유하고 있다는 의미를 훨씬 더 진지하게 생각해야 한다고 통감했습니다.

또한 안정된 재원財源이 있다는 것, 대개 갖기 어려운 수신료 제도라는 강점과 동시에 막중한 책임이 있음을 다시금 통감했습니다.

그리고 사회적인 과제에 관해 상세히 알고 있다는 것도 강점으로 다가왔습니다. 매일 뉴스를 비롯해 〈NHK 스페셜〉이나 복지 프로그램 등 다양한 프로그램에서 사회 과제를 널리, 깊이 취재하고 있으니까요. 저는 NHK를 '사회문제의 메가 플랫폼'으로 인식하고 있는데 이 또한 큰 강점일 것입니다.

제가 교환 근무 프로그램에 지원해 일하던 때부터 여러 기업으로부터 '비즈니스를 통해 사회 과제의 해결을 꾀하고 싶다'는 상담 요청이 들어왔습니다. 그것을 계기로 저는 사회가 안고 있는 과제는 기업을 성장시키기 위한 씨앗이며 기폭제가 되리라고 예감했습니다. 그렇기에 모두가 해결되길 원하는 사회 과제를 NHK가 넓고 깊게 인지하고 있다는 점이 기회가 되어, 좋은 표현 방법 하나만 찾아도 커다란 가치를 세상에 창출하게 될 거라고 느꼈던 거지요.

그 밖에도 각 지역의 방송국을 연결하는 전국 네트워크를 갖고 있다거나 당시 NHK의 간판 아나운서였던 우도 유미코有働由美子 같은 인플루언서를 보유하고 있다는 점 등 반짝반짝 빛나는 요소를 잇달아 찾아냈는데 그와 동시에 점점 화가 났습니다.

이렇게 대단한 가치를 지닌 좋은 환경에서 일하고 있었는데, 그동안 나는 뭘 했던 걸까. 텔레비전을 한물간 콘텐츠라고 여겼던 것은 내가 가진 선입견 때문은 아닌가 하고 말이지요.

오랫동안 한 조직에 있다 보면 올바른 자기 평가를 내리기 어려워지곤 합니다. 저는 전혀 다른 조직에 소속되어 비교할 대상이 생기고 나서야 비로소 저 자신을 객관적으로 들여다볼 수 있었습니다.

'내디뎌보기'의 권장

저는 이러한 경험을 거치면서 자신이 속한 틀 안에서 밖으로 '내디뎌보기의 권장[8]'이라는 말을 사용하게 되었습니다. 회사를 그만두고 독립하거나 이직하는 게 가능한 상황이라면 문제없겠지만 좀처럼 쉬운 일은 아닙니다.

그보다도 한 발을 자신이 속한 조직(회사도 학교도 좋습니다)에 단단히 딛고, 다른 한 발을 '반 발자국만 바깥으로 내디뎌보는' 정도가 딱 좋을 듯합니다. 농구에서 한 발을 중심축으로 고정시키고 다른 한 발을 여러 방향으로 바꿔 내딛는 피벗pivot 동작을 떠올리면 이해하기 쉬울 겁니다. 이렇게 한 발만 내밀어보면 자신을 객관적으로 바라볼 수 있게 되기 때문입니다. 그리고 또 한 가지, 위험하다 싶으면 바로 도망칠 수 있지요.

교환 근무 제도로 광고회사에서 일하던 때, 고객인 기업 담당자와 이야기하다가 조금 들떠서 말이 지나친 바람에 상대방의 낯빛이 어두워진 일이 있었습니다. 그 순간 저는 "아, 죄송합니다, 실은 제가 NHK 직원이라 이쪽 일은 모르는 게 많아서요" 하고 이유를 대며 사과했습니다. 내밀었던 발을

---

[8] 일본의 계몽사상가 후쿠자와 유키치福澤諭吉의 저서 『학문의 권장』의 표현을 따서 '~의 권장'이라는 말을 많이 쓴다

쏘옥! 하고 제자리로 끌어당겨지요. 부끄럽고 비겁한 느낌도 있지만 오래 살아남는 것이 훨씬 중요하니까요.

그렇게 반 발자국을 밖으로 내디뎌 여러 가지를 시도해보고, 그러다 위험하다고 판단되면 바로 제자리로 되돌아오기를 반복하면서 저는 어디까지가 내가 갈 수 있는 영역이고 어디부터가 위험한 영역인지를 조금씩 확인했습니다. 안전지대를 확보해 두고 모험을 시도해 경험을 쌓는 방법이지요.

무작정 뛰쳐나가기보다는 살짝 자리에서 벗어나 보라! 이것이 저의 인생 철학이 되었습니다.

'프로페셔널, 나의 방식'과 'NHK 1.5 채널'

다시 이야기로 돌아오겠습니다. 광고회사 교환 근무를 마치고 NHK로 돌아와 '방송을 만들지 않는 연출가'라는 직함을 손에 쥔 저는, 그 직함 그대로 프로그램을 만들지 않고 프로그램이 지닌 정보와 가치를 많은 사람에게 전달하기 위한 PR '기획'을 차츰차츰 해나갔습니다.

그중에서도 크게 히트를 친 것은 〈프로페셔널, 일하는 방식〉 방송 10주년 기획으로 만든, 누구라도 방송에 나온 프로페셔널이 된 것 같은 동영상을 만들 수 있는 스마트폰용 앱 '프로페셔널, 나의 방식'이었습니다. 이 앱은 출시한 지 1

년 만에 150만 다운로드 수를 기록하면서 사내외에서 커다란 반향을 불러일으켰습니다.

그 외에도 'NHK 1.5 채널'이라는 영상 서비스를 가동했습니다. NHK에서 방송된 유용한 정보를 1분에서 1분 30초짜리 짧은 동영상으로 편집해서 SNS를 중심으로 게재하는 새로운 동영상 플랫폼입니다.

'NHK 1.5 채널'에서는 편집장을 맡았는데, 운영을 시작하고 나서 일 년이 지났을 무렵, 한 편의 동영상이 1억 5천 뷰라는 대히트 기록을 남기기도 했습니다. 2018년의 유튜브 조회 수 상위 10위에 'NHK 1.5 채널'에서 올린 동영상이 무려! 두 편이나 들어 있습니다.

두 영상 모두 NHK가 만드는 방송 프로그램의 재미와 높은 퀄리티를 증명하는 기회가 되었습니다. 개인적으로는 메시지를 어떻게 전달할지 그 방법을 궁리하는 것만으로도 많은 사람에게 전해지는구나, 하는 자신감도 얻었습니다.

이들 기획을 구체적으로 어떻게 세우고 전개했는지는 뒤에서 다시 설명하겠습니다.

NHK에서 뛰쳐나오다

방송 프로그램을 '만드는' 일을 한 뒤 '전달하는' 일을 하던 저는, 마침내 입사한 지 15년이 지난 2018년에 NHK를 퇴사해 독립하기로 결심합니다.

계기는 2017년에 NHK 직원으로서가 아니라, 개인 오구니 시로로서 기획한 프로젝트 〈주문을 틀리는 요리점〉이었습니다.

〈주문을 틀리는 요리점〉은 치매를 겪고 있는 분들이 홀에서 음식을 주문받고 서빙하는, 기간 한정 이벤트형 요리점입니다. 치매인 어르신들이 일한다는 점, 그리고 애초에 가게 이름에서 '주문을 틀린다'는 점을 알려주어서 설령 실수가 일어나도 화를 내는 손님은 한 명도 없습니다. '음식이 잘못 나왔지만 뭐 어때!' 하는 너그럽고 따뜻한 공간이 펼쳐집니다.

자금 조달은 크라우드 펀딩을 통해 약 3주 동안에 493명의 개인, 기업, 단체로부터 1291만 엔을 지원받았으며 국내외 미디어에서 취재 의뢰가 쇄도해 요리점은 대성황을 이룬 끝에 막을 내렸습니다(이 프로젝트에 관한 상세한 내용은 뒤에서 설명하겠습니다).

저는 NHK에서 'TV 프로그램을 만들지 않는 연출가'로서 기획했던 작업들과 〈주문을 틀리는 요리점〉 프로젝트를 통해 차츰 'Tele-Vision'이라는 목표는 꼭 TV 매체가 아니어도 달성할 수 있지 않을까 하고 생각하게 되었습니다.

TV는 어디까지나 하나의 수단일 뿐입니다. 중요한 목적은 정보와 가치를 전하는 일이지요. SNS로 전하고 싶다면 SNS를 사용하면 되고 이벤트든 혹은 책이나 제품이든 메시지를 전하기 위한 적절한 방법은 그때마다 다릅니다.

'TV가 아니어도, NHK만 고집하지 않아도, 어디에 있든 Tele-Vision은 가능하다'

그런 생각이 마음속에 확고하게 자리 잡았지요.

2018년 7월. 저는 NHK를 그만뒀습니다. 독립하고부터는 기업과 개인을 가리지 않고 다양한 분야에서 일하는 분들과 함께 '텔레비전'다운 기획을 선보이고 있습니다.

중요한 메시지를 전할 때 필요한 다섯 가지 요소

제가 메시지를 '전하는 일'에 왜 마주하고자 했는지 약 20년을 되돌아보며 이야기했습니다. 이러한 경험을 거쳐온 지금, 저는 '전하고 싶은' 메시지를 많은 사람에게 닿게 하려면 몇 가지 중요하게 짚고 가야 할 요소가 있다고 생각합니다.

기획, 표현, 실현, 전달, 태도 이 다섯 가지입니다.

우선 첫째는 '기획'입니다. 전하고 싶은 메시지가 있다고 해도 대중이 받아들일 수 있는 콘셉트와 재미있어할 만한 아이디어가 없으면 그들에게 닿지 않습니다. 그렇다면 콘셉트는 어떻게 만들까요? 아이디어는 어디서 떠올릴까요? 기획의 중요한 사항을 구체적인 사례를 토대로 이야기하려고 합니다.

둘째는 '표현'입니다. 기획 자체가 좋아도 표현 방법이 뛰어나지 못하면 애써 구상한 기획이 무용지물이 되고 맙니다. 표현은 기획의 힘을 최대한으로 끌어올리는 아주 중요한 요소이지요.

셋째는 '실현'입니다. 좋은 기획을 구상했다고 해도 제대로 표현할 수 없다면 그림의 떡이나 다름없습니다. 중요한 것은 구상한 기획을 표현의 세계에 '착지'시키는 일입니다. 그 과정을 얼마나 끈기 있게 마주하느냐가 중요한데 그때 중요한 것이 '동료'의 존재입니다. 혼자서 기획을 실현할 수는 없으니까. 어떤 동료를 모아 함께 일하느냐에 따라 기획이 살아날지 죽을지가 결정된다고 해도 과언이 아닙니다.

넷째는 '전달'입니다. 자신들이 만들어낸 작품을 어떤 경로로 어떻게 세상에 유통할 것인가. 상품이 있어도 그 상품을 배송할 사람이나 교통망, 즉 물류 공정이 없으면 소비자에게 전달할 수 없지요. 기획도 '전달하고 싶은 상대'가 있는 장소를 찾아내 그곳에 전달하기 위한 유통 경로를 명확히 설정해야 합니다.

그리고 마지막 요소는 '태도'입니다. 기획, 표현, 착지, 유통, 이 모든 요소의 과정에 공통적으로 요구되며 자신의 판단과 행동의 '기준'이 되는 중요한 요소이지요. 어떠한 자세로 프로젝트에 임할 것인가. 자신들이 중요하게 여기는 자세를 설정함으로써 확신을 갖고 프로젝트를 이끌 수 있습니다.

저는 프로젝트를 실시할 때마다 반드시 이 다섯 가지 요소를 생각합니다. 실제로 제가 '많은 사람에게 전했다'는 만족감을 느낀 기획은 이들 다섯 가지 요소가 전부 갖추어졌을 때였습니다. 그리고 이 요소가 모두 충족되었을 때 비로소 '웃을 수 있는 혁명'이 일어날 수 있습니다.

서두가 상당히 길었습니다만, 여기까지가 제 사고와 신념의 대략적인 배경 설명입니다.

다음 장부터는 위에서 말한 다섯 가지 요소에 따라 실례를 들어가면서 각각 상세히 알아보겠습니다.

2장

기획

당신이 세운 '엄지손가락'을
몇 명이 붙잡을까?

한참 써 놓고 아직 첫 장이었다니……. 계획성 없이 쓰기 시작한 저 자신에게 왕복 따귀를 때리고 싶은 마음을 꾹 참아주세요. 자, 지금부터가 본론입니다. 부디 끝까지 함께해주세요.

이제부터는 '전하고 싶은 정보와 생각을 전달하기' 위한 구체적인 사고법을, 그동안 제가 관여했던 프로젝트의 구체적 사례를 들어 한 가지씩 얘기해 보겠습니다.

먼저 2장에서는 '기획'에 관해서 알아보겠습니다. 기획企劃의 '기企'는 '꾀하다, 도모하다'라는 의미인데 사전을 찾아보면 꽤 재미있습니다. '꾀하다, 도모하다'의 예문으로는 '못된 짓을 꾀하다' '천하통일을 도모하다'라는 문장이 있는데요, 왠지 그다지 긍정적인 말은 아닌 것처럼 느껴집니다.

하지만 저는 이 '꾀하다'라는 말이 주는 느낌과 여운이 좋습니다. 크흐흐 흐뭇하게 웃으면서 아이디어를 다듬어가는 느낌이지요. 아직 세상에는 없는, 모두가 깜짝 놀랄 만한 아이디어를 한밤중 이불 속에서 망상하면서 웃고 있는 이미지입니다(누가 보면 약간 무섭겠네요).

기업企業이라는 단어도 사업을 '꾀하는' 조직체라는 의미라고 들은 적이 있습니다. '세상을 품어보자!' 같은 투지가 내포된 느낌일 겁니다. 어쨌든지 간에 '꾀하는' 데서 모든 것이 시작된다고 볼 수 있겠지요.

그런 중요한 '기획'을 생각할 때 저는 다음 네 가지 포인트를 중요하게 여깁니다.

☺ '초심자의 느낌'을 중요하게 여긴다
☺ '대단한' 기획보다 '샘나는' 기획을 목표로 한다
☺ '여기 붙어라' 하고 끌어들일 콘셉트를 단련한다
☺ 지금, 왜, 이것을 전하려고 하는지를 생각한다

그러면 바로 하나씩 살펴보겠습니다.

'초심자의 느낌'을
중요하게 여긴다

내게는 전문성이 없다

저는 "○○에 정말 문외한입니다"라는 말을 자주 합니다. ○○에는 '치매'나 '암' 같은 주제나 분야가 들어가는데, 겸손해서가 아니라 실제로 어떤 분야에서든 저는 완전 비전문가니까요. 제게 두드러지게 내세울 만한 전문성이 있으면 좋았겠지만 어떤 분야의 전문가냐는 질문을 받으면 대답할 말이 하나도 없습니다. NHK에서 방송 프로그램을 제작하던 연출가 시절부터 쭉 그랬습니다.

주변에는 의료나 복지, 교육 또는 정치, 경제 등 어느 한 분야에 정통하거나 동물, 자연을 촬영하는 일에 인생을 걸었다거나, 아니면 스포츠나 음악, 드라마 같은 엔터테인먼트 분야에서는 그 누구에게도 지지 않는다는 자부심을 갖고 일하는 연출가와 프로듀서가 많았습니다.

하지만 제게는 아무런 특기 분야가 없습니다. 모든 분야에 두루 관심이 있다고 말할 수도 있지만, 딱히 어느 한 가지만을 파고 싶은 것은 아니었습니다. 이쪽저쪽 기웃거리는 그런 자세는 무책임한 게 아닐까, 집중도를 높여서 하나의 문제와 그 분야에 열중하는 것이 메시지를 전하는 사람의 올바른 책무가 아닐까, 내게도 '오구니, 하면 바로 이거지!' 하고 자타가 인정하는 전문성이 있으면 좋을 텐데…… 이런저런 생각도 많이 했습니다. 한마디로 말해서 '전문성이 없다'는 점이 제 콤플렉스였지요.

어느 쪽이 일본 대표팀입니까?

그런데 말입니다. 이 전문성 없는 초심자라는 점이 기획을 하는 데는 의외로 무기로 작용한다는 사실을 알고 계셨나요?

'럭비 월드컵 2019 일본대회'에서 100만 명 가까운 사람을 모아 '니와카 팬⑨'이라는 유행어를 만들어낸 〈마루노우치 15초메⑩ 프로젝트〉를 실행하며 깨달았습니다.

이 프로젝트는 그야말로 초심자가 느끼는 위화감에서 비롯되었습니다.

---

⑨ 지금껏 관심이 없다가 갑자기 또는 일시적으로 팬이 된 사람
⑩ 도시 지역에 설치되는 일본의 행정 구역의 일종

2018년, NHK를 그만둔 지 얼마 안 된 저는 태어나 처음으로 럭비 경기를 보았습니다. 그때까지 럭비라는 스포츠에 단 한 번도 관심을 가져본 적이 없었는데, 럭비 월드컵의 스폰서로 결정된 부동산 개발회사 미쓰비시지쇼Mitsubishi Estate Company,Limited의 담당자 다카다 신사쿠高田晋作 씨가 프로젝트를 도와달라고 하기에 우선 경기를 관람해 보기로 한 것입니다. 다카다 씨는 NHK 야마가타 방송국 시절의 선배로, NHK 퇴직 후 미쓰비시지쇼로 이직했는데 알고 보면 이분이 바로 럭비계의 레전드입니다. 게이오기주쿠대학교 럭비부 창설 100주년 때의 주장 선수이자 전국에서 대학 1위를 달성한 주역이었지요.

언젠가 다카다 씨의 집에 놀러 갔을 때 스포츠 잡지의 최고봉인 『넘버Number』가 놓여 있었는데 그 호 표지는 럭비 선수가 장식했습니다. "이 사람 누구예요?" 하고 물었더니 "그거, 나야" 하고 대답하더군요. 선배, 『넘버』지 표지까지 장식했던 거야? (왜 지금은 NHK에서 너도밤나무숲 방송 같은 걸 만들고 있죠? 하고 마음속으로 생각했던 건 비밀입니다).

럭비의 레전드 다카다 씨를 따라 인생 처음으로 럭비 시합을 관람하다가 제가 맨 처음 뱉은 말은 "어느 쪽이 일본 대표팀이에요?"였습니다.

미안합니다. 레전드에게 이 무슨 실례되는 질문인가 싶

지만 정말로 알 수가 없었습니다. 양쪽 팀 모두 대개 외국인이었으니까요. 막연히 상상하던 일본 대표선수의 모습과는 다른 광경을 보고 혼란스러웠습니다. 오히려 '왜 모두 아무렇지도 않게 보고 있는 거지?' 이런 생각마저 들 정도였지요. 하지만 그 순간 제 마음속에 럭비와의 접점이 비로소 생겼습니다. 럭비에서는 수많은 일본 기업이 고민하는 '다양성&수용성Diversity & Inclusion' 문제가 해결되었다고 생각한 것이지요. 갑자기 관심이 샘솟았습니다.

다양성이란 성별, 연령, 인종과 국적, 문화와 종교, 학력, 직업과 같이 사람 간의 차이를 일컫는 말이며, 수용성이란 그러한 각 사람의 차이를 받아들여 차이점을 활용하자는 사고관입니다. 반드시 그런 세상이 되어야 하겠지만 실현하기는 매우 어렵습니다. 어떤 기업이든 이 주제를 진지하게 생각하고 중요시하지만 실제로 다양한 개성을 인정하고 살리기란 정말 어려워서 영원한 과제라고 해도 좋을 정도입니다.

그런데 럭비 경기를 보는 제 눈앞에는 다양성을 완벽할 정도로 잘 갖춘 집단이 서로를 존중하면서도 각자의 힘을 발휘해서 승리라는 목적을 향해 하나가 된 광경이 펼쳐지고 있었습니다. 그렇다면 럭비 선수들이 비즈니스스쿨을 열어 다양성과 수용성에 관해 얘기한다면 수강생들이 큰 깨달음을 얻을 수 있겠다는 생각이 번뜩 머리를 스쳤습니다. 럭비 일본 대표팀의 주장을 지낸 마이클 리치Michael Leitch의 리더십론을 이미 가장 가까이서 넘치도록 들었을 테니까요.

그리고 비즈니스스쿨뿐만이 아니라 더 나아가 거리에 있는 다양한 시설, 가령 레스토랑이나 영화관, 미술관을 럭비와 연결지어서 '럭비를 통한 거리 만들기'를 하면 어떨까? 거리를 조성하는 프로페셔널 기업으로서 미쓰비시지쇼만의 개성 넘치는 특색도 발휘할 수 있겠군…… 이런 망상에 빠졌습니다. 이때의 중요한 포인트는 기획의 첫걸음이 바로 아마추어의 궁금증에서 비롯되었다는 점입니다.

저는 당시 럭비 국가대표가 될 수 있는 요건으로 '해당 국가에 3년 이상 거주한 사람이면 대표 자격을 얻을 수 있다'는 규정이 있다는 사실조차 몰랐습니다. 럭비에 관해 잘 아는 사람에게는 그 정도야 당연한 정보일 테니 일본 대표로 다양한 국적의 선수들이 모여 있는 광경에 위화감 같은 건 조금도 못 느꼈겠지요. 다만 완전 문외한인 저는 "그런 규칙을 아는 사람이 누가 있겠어요!" 하고 말하고 싶어집니다.

저는 럭비뿐만 아니라 어떤 주제든 대부분의 사람은 초심자라고 생각합니다. 하루 종일 한 주제에 매달려 있거나 깊이 파고드는 사람은 인구의 1퍼센트도 되지 않을 것이고, 아쉽지만 사실 대부분은 저나 여러분이 무척이나 중요하게 생각하는 그 주제(럭비, 치매, 암 등)에 관심이 없습니다.

만약 모든 사람이 관심을 갖고 있다면 제가 만든 방송 프로그램의 시청률이 모두 20퍼센트를 넘었겠지요(한 번도 달성해 본 적이 없습니다). 그러면 여기저기서 사회운동이 일어나 세상이 매일 떠들썩해질 테고 결국에는 사회 과제가 전부 해결되었을 겁니다.

하지만 그렇게 될 리는 없습니다. 그 주제에 관심 없는 초심자가 압도적으로 많은 수를 차지하기 때문이지요.

초심자는 '기획자로서 최고의 상태'

기획을 할 때, 초심자가 압도적인 다수를 이룬다는 사실을 기억하는 것이 좋습니다. 어떻게 하면 그 주제에 관심과 지식이 없는 사람들이 관심 갖게 하느냐가 출발점이었는데, 점차 기획자가 그 주제에 관해 상세히 알게 되면 '그건 상식이니까' 또는 '뭐? 그런 것도 몰라?' 하고 말하기 쉽습니다. 저도 무심코 그런 말을 내뱉을 뻔한 적이 있습니다.

그럴 때는 '그렇게 잘 아는 척하는 건 그저 자기만족일 뿐이잖아' 하고 스스로 꼬집어줍니다. 점점 자신이 소수의 존재가 되어간다는 사실을 깨닫지 못하고 대다수 쪽의 감각을 끊어내는 우를 범하지 않도록요. 이렇게 안타깝고 한심한 일은 없을 겁니다. 그래서 저는 기획하는 데 있어 초짜일 때의 나 자신을 기획자로서 최상의 상태라고 여깁니다.

초짜인 내가 뭔가 이상하게 느낀다면 다른 많은 사람도 그 점을 똑같이 이상하게 여길 겁니다. 반면에 그 주제에 박식해지고 나서 떠오르는 질문이나 발견하게 되는 것들은 보통 사람들이 알아차릴 가능성이 매우 낮아서 대다수를 이루는 초심자들을 고려 대상에서 소외시킬 확률이 높습니다. 따라서 초심자가 느끼는 순수한 감상과 위화감을 소중하게 여기려고 노력합니다.

'노트의 첫 페이지'를 가끔 열어본다

〈프로페셔널, 일하는 방식〉을 제작할 때는 약 40일간 야외 촬영을 합니다(제가 재직하던 당시). 말 그대로 아침부터 밤까지 그 회차의 주인공인 한 분야의 프로에게 밀착해서 일거수일투족을 기록하는데, 그러는 동안 차츰 그 업계에 관해서도, 그 사람에 관해서도 전부 다 알게 되었다고 '생각하게' 됩니다.

현장에서 일어나는 일이나 프로에 관한 일을 빠짐없이 지켜보고 있으니 자연스레 그런 마음이 들겠지만, '실은 그때가 가장 위험한 상태'라고 다른 프로듀서가 일깨워줬습니다. 자신이 전부 다 아는 것처럼 생각되는 바로 그때가 가장 위험한 법이라고 말이지요.

그래서 저는 '위험한데……' 싶을 때 마다 취재 노트의 첫 페이지를 펼쳐 보곤 했습니다. 노트의 첫 페이지를 쓰던 때의 저는 그 업계에 관해서도, 그 사람에 관해서도 거의 아는 것이 없는 초짜 상태죠. 그래서 그 당시 쭉 써 내려간 메모를 보면 '뭐야, 이런 게 마음에 걸렸었나?' 싶은 내용이 잔뜩 나옵니다.

한 가지 예를 들자면, 치매 간병의 프로페셔널로 유명한 간병 복지사 와다 유키오和田行男 씨를 취재하던 때의 메모입니다. 이런 식으로 쓰곤 했지요.

[노인과 인사. 얼굴이 가까움]

아마도 아침 인사를 나눌 때 와다 씨가 노인분의 얼굴에 굉장히 가까이 다가갔나 봅니다. 그 모습을 보고 '뭐지?' 하는 생각이 들었기에 적어놓았던 겁니다. '왜 와다 씨는 그렇게 얼굴을 가까이 대고 인사하세요?' 하는 의문이 들었지만 로케가 절반 정도 끝난 시점까지도 정확한 대답을 얻지 못했습니다. 그땐 이미 그 모습이 당연하게 여겨져 그냥 넘기고 있었지요.

그러다가 노트를 본 뒤 새삼 와다 씨에게 물었습니다.

"인사할 때 왜 그렇게 얼굴을 가까이 대세요?"

그랬더니 뜻밖의 대답이 돌아오더군요.

"냄새를 확인하는 거예요."

구취와 체취, 소변과 대변 같은 여러 가지 냄새에는 많은 정보가 담겨 있기 때문에 그 냄새를 맡아, 말로 잘 설명하지 못하는 할아버지, 할머니들의 건강 상태라든가 감정의 세세한 변화를 파악한다고 합니다. 과연 와다 씨만이 가진 프로의 노하우였지요.

아차 싶더라고요. 초보자일 때 느낀 의문 또는 궁금증을 그냥 넘겨버리면 엄청난 보물을 못 보고 지나치겠다 싶어서요.

그래서 앞으로 새로운 프로젝트를 시도하려는 사람에게는 노트를 사서 말이나 감상, 또는 느낀 위화감을 적어보라고 권하고 싶습니다. 새로운 마음으로 솔직하게, 느낀 대로 쓰는 것이 중요합니다. 그리고 종종 그 노트의 첫 페이지(라고 하는 것은 반쯤 비유입니다. 꼭 첫 페이지여야 한다는 뜻이 아니라, 노트의 앞부분이라는 의미입니다)를 펼쳐 보면 새로이 재미있는 점을 발견할지도 모릅니다.

꽤 오랜 세월 동안 어떤 업계나 프로젝트에 완전히 몰입한 사람은 자신이 초보자였을 때의 일을 떠올려보거나, 주위에 있는 초심자(자녀나 부모, 신입 또는 파트너 등)에게 지금 자신이 하는 일을 약 30초 동안 설명하고 그 반응을 노트에 적어보면 좋습니다.

럭비에 관해 생초짜였던 제가 느낀 위화감을 계기로 탄

생한 〈마루노우치 15초메 프로젝트〉는 후에 100만 명의 열광으로 이어졌습니다. 그리고 뒤에도 자세히 이야기하겠지만 〈주문을 틀리는 요리점〉이나 〈딜리트 C〉 프로젝트에서도 저는 치매와 암에 관해 거의 아는 게 없는 문외한이었습니다. 하지만 그런 초심자이기에 깨달은 것도 있었고 그 위화감을 물고 늘어졌기에 이전에 없던 새로운 세계를 만들 수 있었다고 생각합니다.

기획 2

'대단한' 기획보다 '샘나는' 기획을 목표로 한다

'대단한' 기획은 가성비가 좋지 않다

지금은 TV나 인터넷, SNS, 라디오, 오프라인 이벤트까지 다양한 콘텐츠가 일상생활 속에 차고 넘쳐나는 시대입니다.

하루에 유튜브에 업로드되는 영상을 다 보는 데에 82년이 걸린다는 데이터(사토 나오유키佐藤尚之, 쓰다 마사야스津田匡保 저 『HOW TO 팬베이스 팬을 얻는 실천법』)가 있을 정도로요.

그러니 오늘날에는 기업이나 개인을 불문하고 누군가가 어떤 메시지를 전달하려고 해도 눈에 들어오지 않는 것이 당연하다고 할 수 있겠지요.

가령 대기업이 만든 TV 광고를 떠올려볼까요? '유명 연예인'이 등장하거나 '유명 예술가'의 음악과 함께 '해외 로케'로 찍은 화려하고 멋있는 영상. 엄청난 시간과 노동력을 쏟아부어 만든 CF를 과연 얼마나 기억하고 있나요? 저는 최근한 달 동안 본 광고 중에서 지금도 생각나는 인상적인 광고는 한 손으로 꼽을 정도밖에 없습니다. 더구나 그 광고가 어떤 회사의 어떤 상품 광고였는지 정확히 기억나는 건 거의 없더군요.

이런 사정은 TV 프로그램 외에 영화나 음악, 또는 스포츠에서도 비슷합니다. 순간적으로 "대단해! 엄청나네! 이거 최곤데!" 하고 감탄할지 모르지만 몇 개월 후, 몇 년 후에는 '그런 게 있었던가?' 하고 전부 잊어버릴 겁니다. 그런 현상은 21세기를 살아가는 우리가 흔히 겪는 일이 아닐까요?

실제로 몇 년 진에 유행어 대상[11]을 받은 말들을 살펴보면 특히나 실감합니다. 2018년도 유행어 대상은 "그러네-"였는데, 그 말이 무엇을 의미하는지 저는 전혀 기억나지 않더라고요(정답은 평창올림픽 때, 컬링 일본 여자 대표선수들이 주고받던 말입니다).

제가 여기서 하고 싶은 말은, 매일 새로운 정보로 넘쳐나는 요즘 시대에 '대단해!' 하고 감탄이 나오는 기획은 가성비가 나쁘다는 점입니다.

대단하다는 평판을 들을 만한 작품을 만들려면 아무래도 대개는 상당한 인력과 노고, 시간이 들기 마련입니다. 올

---

[11] 일본 '자유국민사'라는 출판사에서 매년, 그 해에 핫한 화제가 되었다거나 유행한 말을 선정해서 표창하는 상

림픽급의 강한 인상을 주었던 일조차 기억에 남지 않는 저 같은 사람이 결코 적지 않다면 대단한 작품을 민든다 해도 그 작품을 돌아봐줄지 어떨지는 사실 알 수 없습니다. 실패할 경우에는 리스크가 너무 크고요.

〈프로페셔널, 일하는 방식〉 방송 10주년 기획

그렇다면 어떤 접근이 효과적일까요?

저는 상품이나 서비스, 그리고 조직 내에서 '와! 이렇게 나온다고?' 하고 감탄할 만한 소재를 찾아 활용하는 것이 좋다고 생각합니다.

구체적으로는 무슨 뜻인지, 제가 2016년도에 기획해 150만 다운로드 수를 기록한 '프로페셔널, 나의 방식'이라는 스마트폰 앱(2017년에 서비스 종료)을 예로 들어보겠습니다. 2016년은 〈프로페셔널, 일하는 방식〉이 10주년을 맞이한 해였습니다. 그때 이미 '프로그램을 만들지 않는 연출가'였던 저에게 방송 피디가 "프로그램도 10주년을 맞았으니 완전 화려하고 핫한 뉴스가 될 만한 걸 생각해 보자고!" 하고 추상적이고 감각적인 지시를 내렸습니다(방송국에서 자주 볼 수 있는 지시 스타일입니다).

그렇지만 프로그램이나 NHK를 둘러싼 여건은 꽤 어려운 상황이었습니다.

앞에서도 언급했듯이, 젊은 층이 TV를 보지 않는 현상이 무척 심각했고 비교적 젊은 세대를 타깃으로 한 〈프로페셔널, 일하는 방식〉마저도 주로 시청층이 60대 독거 남성이라는 통계가 나왔을 정도니까요. 그래서 '10주년을 기회 삼아 젊은이들에게 이 프로그램의 존재를 알리자'는 미션은 하나의 프로그램을 넘어서 NHK 전체의 지상 과제이기도 했습니다.

어떻게 하면 현재의 주 시청자(60대 이상)뿐만 아니라 새로운 타깃인 젊은 층에게 프로그램의 가치를 전달할 수 있을까. 그러기 위해선 무엇을 해야 할까. 프로듀서들과 논의하는 동안에 '부도칸武道館[12]에서 싱어송라이터 스가 시카오 スガシカオ 씨의 기념 콘서트를 열면 어떨까' 하고 슬쩍 제안해 보았습니다.

〈프로페셔널, 일하는 방식〉에서 스가 시카오 씨의 밴드 코쿠아kokua가 부른 주제가 「프로그레스Progress」는 빼놓을 수 없는 아이콘 같은 존재입니다. 그렇기에 스가 시카오 씨에게 부도칸에서 기념 콘서트를 열게 하려는 것이었지요. '스가 시카오', '부도칸', '기념 콘서트'……. 규모가 어마하게 큰, 이른바 '대단한' 기획이었지요.

---

[12] 도쿄에 있는 경기장. 공연장으로도 자주 쓰인다

하지만 곧바로 저는, 정말 이걸로 괜찮은 걸까…… 하고
고민에 빠졌습니다.

음악의 성지에서 얼리는 거물 뮤지션의 방송 10주년 기
념 콘서트. 분명 근사하지만, 어쩌면 식상한 콘셉트로 보이
지는 않을까. 방송국에서 '10주년 기념'이라고 아무리 떠들
어봐야 아무도 기억 못 하는 게 아닐까. 이런 기획이 정말로
젊은 세대에게 먹힐까. 아이콘인 스가 시카오 씨에게 모든
것을 떠맡기는 기획이 되지는 않을까. 이렇게 수많은 의문과
불안이 부글부글 피어오르더군요.

게다가 초기 기획 단계라 예산은 없는 상태이다 보니
이렇게 대단한 행사를 어떻게 만들겠냐는 생각도 하면서,
저는 아무래도 탐탁지 않은 기분을 떨칠 수 없었습니다.

위키피디아에서 발견한 힌트

이 기획을 생각하며 끙끙대던 어느 날, 인터넷에서 〈프
로페셔널, 일하는 방식〉을 검색해 보았습니다. 사람들이 이
방송을 어떻게 생각하는지, 문득 시청자 반응이 궁금해졌기
때문입니다. 위키피디아Wikipedia의 페이지를 열었을 때, 너무
나도 흥미로운 내용을 발견했습니다. 거기에는 '패러디' 항
목이 있었던 겁니다.

읽어보니 30여 개 민간 방송국의 프로그램명이 쭉 나열

되어 있었습니다. 〈프로페셔널, 일하는 방식〉의 방송 포맷을 사용해 여러 프로그램에서 패러디 영상을 만든 것이었어요.

몇몇 프로그램에서 패러디된 건 알고 있었지만 설마 이렇게까지 많을 줄이야……. 큰 충격을 받았습니다. 그리고 동시에 이걸 이용해서 기획할 수 있겠다고 생각했습니다.

우선 〈프로페셔널, 일하는 방식〉에는 누구도 흉내 낼 수 없는, 〈프로페셔널, 일하는 방식〉하면 이거지! 하고 바로 떠오르는 독자적인 방송 포맷이 있습니다. 첫 번째로, 검은 배경에 흰색 글씨로 떠오르는 각자의 '방식'. 두 번째로, 방송의 엔딩에 흐르는 '○○씨에게 프로페셔널이란?'이라는 질문. 마지막으로, 스가 시카오 씨의 밴드가 부르는 주제곡!

〈프로페셔널, 일하는 방식〉이라는 프로그램명을 들었을 때, 사람들은 자연스레 이러한 포맷을 떠올렸습니다. 포맷이 고정적이기에 패러디를 만들고 싶어지는 것이겠지요.

위키피디아를 보면서, 우리 제작자들은 당연하게 여겼던 '방송 포맷'에 중요한 니즈가 있다는 것을 깨달았습니다. 아니, 돌이켜 보면 우리도 상사의 송별회나 동료의 결혼식에서 〈프로페셔널, 일하는 방식〉의 패러디를 만들고 있었습니다. '프로페셔널, 부장의 방식', '프로페셔널, 결혼의 방식' 이런 식으로 우리 방송의 포맷을 본따서 재미있는 영상을 만들었지요. 등잔 밑이 어두웠습니다.

그리고 문득 생각했지요. '어쩌면 모두 〈프로페셔널〉의 주인공이 되고 싶은 게 아닐까?' 하고요. 그 순간, 이런 기획이 머릿속에 번뜩 떠올랐습니다.

'누구나 프로페셔널이 될 수 있는, 스마트폰용 앱을 만들자.'

누구나 손쉽게 프로그램의 주인공이 된 기분을 맛볼 수 있다면? 그럼 두근두근 설레고 기운이 날 것만 같아서 저라도 다운받고 싶어질 거라고 생각했습니다. 그리고 대학생, 직장인 할 것 없이 술자리나 송별회에서 앱으로 즐겁게 동영상을 만드는 그림이 쫙악 떠올랐습니다.

이 프로젝트의 타깃인 10~40대 '젊은이'들은 셀카를 자주 찍습니다. 트위터와 페이스북 등 SNS나 유튜브 같은 플랫폼에 동영상을 올리는 데도 거부감이 없지요. 그런 시대 배경도 한몫해 주리라 생각했습니다.

그리고 무엇보다도 이 기획은 우리밖에 할 수 없는 '샘나는' 기획이라고 확신했습니다. 부도칸에서 여는 기념 콘서트는 유명한 주제곡만 갖고 있으면 다른 방송에서도 얼마든지 할 수 있습니다. 하지만 〈프로페셔널, 일하는 방식〉만큼 따라 하고 싶은 포맷을 갖춘 방송이 과연 얼마나 있을까요. 게다가 원조인 NHK가 패러디를 인정하다니, 다른 프로그램은 절대로 흉내 낼 수 없을 테지요. 가능한 건 우리뿐입니다.

물론 원조가 패러디를 '공인'하는 것이니 원조다운 퀄리티가 나와야만 의미가 있다고 생각했기에 앱 제작 회사와 〈프로페셔널, 일하는 방식〉 제작팀이 기탄 없이 의논하면서 실현해 나갔습니다.

이렇게 무사히 출시된 앱은 결과적으로 3개월간 100만 다운로드 수를 돌파하는 이례적인 대히트를 기록했습니다.

'대단한' 기획보다 '샘나는' 기획을 목표로

"대단해!"라는 말을 들을 수 있는 기획보다는 "와, 이런 걸 한다고? 이건 반칙인데!" 하고 혀를 내두를 만한 기획을 목표로 하는 겁니다.

조금 더 알기 쉽게 설명하면 기업이나 개인이 가진, 아무도 흉내 낼 수 없는 핵심역량core competence을 효과적으로 사용하는 기획입니다. 허를 찌르는 기획이지요. 가령 컴퓨터 게임을 개발·판매하는 기업인 닌텐도가 슈퍼마리오 게임의 주인공 캐릭터인 마리오를 활용해 캠페인을 실시한다면 그걸로 이야기는 끝난 거잖아요. 일본의 애니메이션 제작사인 스튜디오 지브리가 「이웃집 토토로」의 토토로를 활용했다고 해도 마찬가지입니다. 아무도 흉내 낼 수 없으니 천하무적이지요.

하지만 당연하게도 누구나 마리오와 토토로 같이 강력

한 핵심역량을 가진 것은 아닙니다. 그렇기에 더더욱 남들이 흉내 낼 수 없는 자신만의 핵심 무기가 무엇인지를 철저히 파악해서 세상에 보여주어야 합니다.

스가 시카오 씨의 부도칸 콘서트가 실현된다면 물론 굉장할 겁니다. 하지만 그건 NHK가 아니라도 할 수 있는 기획이지요. 그러나 〈프로페셔널, 일하는 방식〉 포맷을 활용하는 앱은 NHK만이 제작할 수 있습니다. 프로그램의 핵심역량, 즉 '이건 뭐 더 말할 게 없잖아!'와 같은 반응을 이끌어낼 수 있는 강점은 '프로그램의 포맷' 그 자체였지요.

대단하다는 반응을 얻기를 목표로 한다면 거물급 가수 섭외라든가 부도칸 같은 대형 이벤트를 기획해야 합니다. 하지만 우리에게 늘 넉넉한 예산이 있는 것은 아닙니다. 오히려 없는 경우가 훨씬 더 많지요. 그렇기에 평상시에 주위에서 '이런 걸 만들었다고?' 하는 경탄을 이끌어낼 수 있는 기획을 위해서는 자신의 핵심역량을 꾸준히 찾는 것이 중요합니다.

그리고 애초에 대단한 기획을 노리면 그 이상의 감상을 들을 수 없는 경우가 많지만 샘날 만한 기획을 노리면 대개의 경우 '이런 걸 만든다고?'가 '대단해!'로 이어져 두 번 감탄하게 만들 수도 있습니다.

편하게 갖고 놀 수 있는 기획

'프로페셔널, 나의 방식' 앱을 만들면서 깨달은 것이 있었습니다. 바로 편하게 접근할 수 있는 정도가 딱 좋다는 것입니다.

이 앱은 재택 비중이 높은 1월을 겨냥해 출시했습니다. 그랬더니 트위터에 계속 이런 재미있고 친근한 코멘트가 끊임없이 달리기 시작했지요.

[은근슬쩍 이런 앱을 출시한 NHK 최고다!]

[이 앱, NHK치고는 너무 센스 있는 거 아냐?]

[NHK 대체 뭘 한 거야ㅋㅋㅋㅋ]

제가 아는 한 이전에는 저희 프로그램에 이런 친근하고 장난스러운 댓글이 달린 적이 없었습니다.

앱을 사용해 자신의 사진을 찍거나 친구 또는 가족을 찍어주기도 하고 아기나 90세 할아버지, 더욱이 아끼는 주전자까지 찍더군요. 우리가 상상도 하지 못했던 사람과 물건이 '프로페셔널'의 주인공이 된 영상이 잇달아 업로드되고 있었습니다. 앱을 통해 방송의 포맷이 마구 변주되고 있었지요. 그중에서도 이런 댓글이 감동적이었습니다.

[너무 재미있어서 1월부터 온 가족이 신나게 이용하고 있습니다]

이 앱이 가족 간 커뮤니케이션 도구로 사용되고 있다

니……. 가족이 모여 무언가를 함께 하는 시간이 거의 사라져가는 오늘날의 가정에서, 믿을 수 없는 일이 일어난 셈입니다.

이 경험을 통해서 얻게 된 또 한 가지 인사이트는, 사람들이 편하게 다가갈 수 있는 정도의 기획이 딱 좋다는 것입니다. 가령 회사나 조직에서 프로젝트를 기획할 때 '나무랄 데가 없는 완벽한 기획'을 하려고 기를 쓴 적은 없는지요? 상사가 아무런 지적도 하지 않는 기획, 사용자에게서 클레임이 일절 들어오지 않는 기획 말입니다.

하지만 완벽한 기획은 그야말로 '대단하네!' 하고는 끝입니다. 편하게 다가가 즐길 수 있는 정도일 때 친밀감이 솟지 않을까요?

일례로 '#명화로배우는주부의일'이라는 기획이 트위터에서 무척 유행한 적이 있습니다. 우리가 익히 아는 명화와 함께 '주부에게 일어날 수 있는 일'에 관한 글을 올리는 기획인데, 예를 들면 다음 페이지의 그림과 같은 게시물입니다.

'나도 작년에 임원 해봤으니까'라니, 기가 막힙니다. 그림 속 인물의 당당한 표정을 보면 정말 그렇게 보입니다. 밀레가 그린「이삭 줍는 사람들」을 '아이가 먹다 흘린 라면땅을 줍는 엄마들'로 표현하다니 언어유희가 수준급입니다.

회화는 미술관이나 교과서에서밖에 접할 수 없기에 거

나도 작년에
임원 해봤으니까
#명화로배우는주부의일

내가 다시는 라면땅을
사주나 봐라!
#명화로배우는주부의일

〈#명화로배우는주부의일〉에서

리감을 느끼는 사람이 많을지도 모릅니다. 하지만 이렇게 명화를 '가지고 놀면서' 호쾌하게 웃게 되고, 조금은 이 그림에 대해 알고 싶어지기도 합니다. 명화가 나의 일상 속으로 불쑥 들어오는 느낌입니다.

NHK의 콘텐츠 또한 명화처럼 가치를 지녔음에도 젊은 세대에게는 전혀 전달되지 않았습니다. 젊은이들에게는 NHK가 (어쩌면 명화와 마찬가지로) 조금 거리가 멀고 접근하기 어려운 존재였는지도 모릅니다. 그 거리를 좁히기 위해서는 '갖고 놀아도 되겠구나' 하고 생각할 수 있는 편한 존재로 다가갈 필요가 있겠다고 판단했습니다.

애초에 TV는 일방향 커뮤니케이션 수단입니다. NHK라는 TV 방송국(제공하는 측)이 시청자(받아들이는 측)에게 콘텐츠를 전달합니다. 만약 시청자가 방송국에 어떤 의견을 전달하고 싶다면 방송국에 직접 전화하거나 이메일(메신저 메시지)을 보내야 하기에 벽이 꽤 높습니다. 그런 이유로 NHK는 친숙한 놀잇거리가 되는 데는 익숙하지 않았습니다. 그래서 '비판적인 의견이 나오면 어떡해야 하지?' 하는 걱정에 시청자와의 커뮤니케이션을 리스크로 인식하고 두려워하기도 했습니다.

실제로 이 앱을 만들 때도 NHK의 임원들에게 "정말로 괜찮은 건가?", "이런 리스크도 있지 않겠나?" 하고 꽤 추궁을 당했습니다. 하지만 저는 무슨 일이 있어도 반드시 이 기획을 실현하고 싶었기에 수도 없이 설명을 거듭했지요. 그리고 앱을 출시한 뒤 대성공을 거두었을 때, 그 높은 분들은 일제히 시도하길 잘했다며 칭찬해 주었습니다. 지나치게 겁먹지 않아도 괜찮을 것 같습니다. 오히려 편하게 즐길 수 있는 정도가 딱 좋습니다. 이 기획은 이런 확신을 얻은 최초의 성과물이었습니다. 물론 다양한 반향을 예측하고 깊이 생각해 리스크를 줄여나갈 필요는 있겠지만 말입니다(이에 관련해서는 '표현'에 대한 장에서 설명하겠습니다).

기획 3

'여기 붙어라' 하고 끌어들일 콘셉트를 단련한다

'여기 붙어라' 외치면 몇 명이 붙잡아 줄까?

어릴 때 친구들과 함께 놀 때, "술래잡기 할 사람 여기 붙어라!" 하고 외쳐본 적이 있을 겁니다. 엄지손가락을 치켜든 순간에 친구들이 내 손가락을 붙잡아 줄 때의 그 느낌이란! 굉장히 기뻤지요(벌써 30년도 더 지난 일이군요).

저는 기획을 생각할 때 늘 그때의 광경을 떠올립니다.

제게 기획은 놀이와도 비슷한 면이 있어서 기왕 하는 거라면 가능한 한 많은 사람과 함께 하고 싶거든요. 하지만 어떻게 하면 "재밌겠네요!", "함께 만들고 싶어!" 하고 선뜻 다가와 줄 동조자나 협력자를 늘릴 수 있을지 고민이 되었습니다.

제가 얻은 답은 여기 붙으라고 하던 엄지손가락을 매력 있게 만드는 게 중요하다는 것입니다. 다시 말해, 콘셉트입니다. 콘셉트가 무엇이냐에 따라 공감하는 사람이나 참가하려는 사람의 수가 크게 달라집니다.

콘셉트를 다듬어가는 일이 얼마나 중요한지를 명확히 느낀 계기는 2017년 〈주문을 틀리는 요리점〉을 기획하던 때였습니다.

〈주문을 틀리는 요리점〉은 홀 담당 스태프가 모두 '치매'를 앓고 있는 레스토랑이라 주문이나 서빙에서 때때로 실수가 일어나기도 하는데, 가게 간판에서 미리 '주문을 틀린다'는 정보를 알려주어서 설령 실수가 생겨도 화를 내는 손님은 한 명도 없었습니다. 식당 안에는 음식이 잘못 나와도 그 실수를 따뜻하게 감싸는 편안한 분위기가 흘렀고, 오히려 실수가 생기면 함께 웃는 너그러운 마음으로 가득했습니다.

2017년 6월에 먼저 가까운 친구와 지인들 80여 명을 초대해 이틀간 한정으로 가오픈했는데, 곧바로 SNS를 중심으로 소식이 폭발적으로 퍼졌습니다. 뜨거운 반향을 확인한 뒤 규모를 대폭 확대해 3개월 후에 정식으로 오픈했습니다. 인터넷으로 기부자를 모집하는 크라우드펀딩을 통해 24일 동안 493군데의 개인, 기업, 단체로부터 1291만 엔을 지원받아(한 고등학생이 용돈을 전액 기부하기도…… 눈물) 도쿄 롯폰기의 레스토랑에서 사흘간 한정 오픈했습니다. 300명 가까운 일반 고객이 찾아와 주었고 국내는 물론, 전 세계 20개국 이상의 국가에서 문의와 취재 의뢰가 쇄도하는 사태가 벌어졌지요. 요리점은 대성황리에 막을 내렸습니다.

현재는 당초 실행 위원회로 모인 멤버들과 함께 '일반 사단법인 주문을 틀리는 요리점'을 설립해 비정기직으로 이벤트를 개최하고 있습니다.

'실수했지만 뭐 어때'라는 콘셉트

이 프로젝트가 이렇게 많은 사람에게 호응을 얻은 까닭은 무엇일까요. 치매라는 중요한 사회 과제를 다루고 있어서? 아니면 요리가 맛있어서?

저는 그 어느 쪽도 아니라, '이 손가락이라면 잡고 싶다' 하고 무심코 마음이 끌리는 콘셉트를 내걸었기 때문이라고 생각합니다.

〈주문을 틀리는 요리점〉의 콘셉트는 '실수했지만, 뭐 어때!'입니다. 설령 실수해도 그 실수를 수용하고 오히려 함께 즐기자는 콘셉트. 모두가 실수를 웃으며 받아주는 훈훈한 분위기를 만들고 싶었던 것이지요. 치매 증상이 있는 분이든 아닌 분이든 누구에게나 '좋은데?' 하고 매력을 느낄 수 있는 기획이라고 생각했습니다.

그렇잖아요. 실수는 누구나 하니까요. 직장에서 실수를 저질러 질책을 받고 주눅 든 사람, 시험을 잘 못봐서 우울한 사람. 공감해 줄 것 같은 사람들의 얼굴이 끝없이 떠오릅니다.

저도 다를 바 없습니다. 지독한 길치인 저는 내비게이션을 보면서도 시작부터 길을 잘못 드는 일이 허다합니다. 그럴 때면 저 자신에게 실망해서 풀이 죽는데, 곁에 있는 사람이 "뭐 어때, 괜찮아!" 하고 말해주면 얼마나 마음이 가벼워지는지 모릅니다.

실제로 〈주문을 틀리는 요리점〉에는 오사카에서 심야버스를 타고 와서 아침 6시부터 레스토랑 앞에서 개점을 기다린 손님도 있었습니다. 이유를 들어보니 '잘못이나 실수를 허용하지 않는 회사 분위기에 숨이 막혀서'라고 하더군요. 요리점에 관한 소식을 SNS로 알고는 흥분되어 마음이 진정되질 않았고 어느새 버스에 올라타 있더라고요.

미국에서 온 한 저널리스트는 이런 질문을 했습니다.

"이 요리점을 트럼프 정권에 대한 안티테제[13]라고 인식해도 좋을까요?"

그 질문을 받은 체 머릿속은 온통 물음표로 가득 찼는데 그의 논리는 이랬습니다. '지금(2017년 당시) 트럼프 정권은 자국제일주의로 멕시코 국경에 벽을 만들고 있다. 반면에 이 요리점에는 전혀 벽이 없고 모두가 당연하다는 듯이 함께

---

[13] Antithese. 헤겔의 변증법을 구성하는 세 가지 요소(테제, 안티테제, 진테제)중 하나로, 어떤 명제에 대해 존재하는 '반대 명제'를 뜻한다

있다. 그래서 이 요리점은 트럼프 정권에 대한 강렬한 안티테제로 느껴졌다'고 말입니다.

아, 그제서야 질문을 이해했습니다. 그에게 이 요리점은 관용과 공생의 상징으로 느껴졌던 것입니다. 물론 제게는 트럼프 정권에 대한 안티테제라는 의도는 눈곱만큼도 없었으므로 "그런 의도는 없었지만, 당신이 그렇게 해석하는 건 자유이고 독특한 관점이라고 생각합니다" 하고 대답했습니다.

만약 이 프로젝트의 콘셉트를 '치매를 겪고 있는 이들이 환하게 웃을 수 있는 사회를 만든다'라고 내걸었으면 어땠을까요. 복지에 관심 있는 사람들에게는 강한 인상을 줄지도 모르겠습니다만, 심야 버스에 올라타서라도 요리점에 오려는 사람이 있었을까요. 또는 멕시코와의 국경에 '분단의 상징'으로서 우뚝 선 벽을 떠올린 사람이 있었을까요. 아마도 그런 사람은 없었을 겁니다.

치매라는 주제에 관심 있던 사람들뿐 아니라 정말로 많은 사람이 이 요리점에 들렀던 이유는 '실수했지만, 뭐 어때!'라는 말이 상징하는 관용의 세계관에 있다고 생각합니다.

공유하고 싶은 '원풍경'이 있나요?

콘셉트를 생각할 때 저는 언제나 제 마음속에 있는 실감 나는 풍경을 떠올립니다. 그리고 그 풍경을 이해하기 쉬운 언어로 표현합니다.

제가 실제로 보거나 만졌을 때 진심으로 마음이 움직인 풍경—저는 기획의 '원原풍경'이라고 부릅니다만—을 소중하게 여깁니다. 이 '원풍경'이 없으면 콘셉트가 그저 탁상 위의 공론에 그치거나 너무도 얄팍해서 말장난이 되어버리기 일쑤라고 느꼈기 때문이지요.

〈주문을 틀리는 요리점〉에도 '원풍경'이 있었습니다.

이 기획의 발단은 2012년에 NHK의 〈프로페셔널, 일하는 방식〉에서 치매 간병 분야의 프로페셔널인 와다 유키오 씨를 밀착 취재하던 때로 거슬러 올라갑니다.

지금으로부터 약 30년 전에는 치매에 걸리면 당연하다는 듯 많은 행동이 제한되었습니다. 시설에 갇혀 지내거나 약물로 잠들게 되고, 심지어는 의자나 침대에 묶여 있기도 했고요. 와다 씨는 그런 행태에 강한 의문을 느끼고 '치매를 앓더라도 죽음을 맞이할 때까지 자기답게 살아갈 수 있도록 돕는 간병'을 추구하면서 치매 노인들이 가정적인 환경에서 소수의 인원으로 공동생활을 하는 '그룹홈'에서 선구적인 간병 활동을 해왔습니다.

그래서 와다 씨가 돌보는 시설에서는 치매를 앓고 있어도 할 수 있는 일은 스스로 하는 것이 규칙입니다. 부엌칼을 쥐고 불을 사용해 요리하고, 청소나 세탁도 직접 하고, 장을 보거나 머리를 깎으러 외출도 합니다. 물론 모든 일을 완벽히 해낼 수는 없어서 조금씩 실수를 하지만 그럴 때는 와다 씨를 비롯한 복지 전문가들이 살짝 도와줍니다. 상처를 입거나 사고가 생길 위험이 늘 도사리고 있지만 와다 씨는 "자신의 의사를 행동으로 옮길 수 있는 것이야말로 인간의 위대한 점입니다. 그 위대함을 빼앗아서는 안 됩니다"라고 강조합니다.

그때까지 치매에 관한 취재를 한 적이 없었던 저는 무척 놀랐습니다. 부끄럽게도 제가 품고 있던 치매에 대한 이미지는 '기억장애', '배회', '폭언', '망상'과 같은 부정적인 인상뿐이었습니다. 그리고 치매에 걸리면 시설에서 멍하니 지낼 수밖에 없다고, 고작 이 정도로 생각해 왔던 겁니다.

그런데 제 눈앞에 펼쳐진 광경의 '평범함'이라니요!

취사, 청소, 세탁은 당연하고 그룹홈에서 700미터쯤 떨어진 시장까지 종종 다 같이 장을 보러 가기도 합니다. 시장에 도착해 물건을 구입하기 시작하면 그 모습은 어디에서나 볼 수 있는 할아버지, 할머니와 똑같습니다. 어디에 치매를 앓는 사람이 있는지 알 수 없을 정도로 자연스럽게 어우러져 있었지요.

그런 생각을 하던 어느 날, 작은 '사건'이 일어났습니다. 로케를 하는 동안에 가끔 입주자인 할아버지, 할머니가 만든 점심을 대접받고는 했는데, 그날 점심에는 뭔가 이상한 느낌이 들었습니다.

제가 미리 전해 들었던 그날 메뉴는 햄버그스테이크였는데, 제 앞에 나온 음식은 만두가 아니겠습니까. 아, 잠깐만요. 다진 고기가 들어 있다는 공통점밖에 없는데요…….

'이거 잘못 나온 거지요?'

저는 이렇게 말하려다가, 문득 놀라서 말을 꾹 삼켰습니다.

그 말 한마디로 와다 씨와 간병 전문가들이 치매 노인분들과 함께 쌓아온 '당연한 광경'을 와르르 무너뜨릴 것만 같은 기분이 들었기 때문입니다.

'이렇게 해야만 해', '이런 모습이어야 돼' 하는 사고방식이 간병 현장을 얼마나 갑갑하고 숨 막히게 해왔던가. 그런 현실에 대해 와다 씨로부터 숱하게 들은 뒤였습니다. 현장을 바꾸려고 날마다 힘겹게 싸워온 와다 씨를 취재하고 있으면서 어째서 고작 햄버그스테이크를 만두로 잘못 가져다준 일에 집착하는 것인지 저 자신이 너무도 부끄러워졌습니다.

햄버그스테이크와 만두, 그 정도쯤이야 혼동한들 뭐 어떻습니까. 할아버지, 할머니 모두 만두를 베어 물고 오물오물 맛있게 잡숫고 있는 걸요.

그때 깨달았습니다. 실수는 그 자리에 있는 사람이 받아들이면 더 이상 실수가 아닌 거라고요. 말로 하자니 당연하게 들릴지도 모르지만, 실수란 당연히 지적해서 고쳐야 하는 대상이라고 생각했던 제게는 콜럼버스의 달걀 같은 엄청난 발견이었습니다.

그 자리에 함께 있는 모두가 그 실수를 받아들이면 더 이상 실수라고 할 일은 없어지는 겁니다. 이렇게 실수를 없애는 방법이 있었다니!

큰 깨달음을 얻은 순간, 어떤 단어가 떠올랐습니다.

'주문을 틀리는 요리점'

그리고 이 단어와 함께 머릿속에 영상이 휘리릭 펼쳐졌습니다.

'주문을 틀리는 요리점'이라는 간판이 걸린 멋진 레스토랑에 간다. "어서 오세요" 하고 예쁜 에이프런을 두른 할머니가 반갑게 맞아주고 "뭘 드시겠어요?" 하고 물으면 "햄버그스테이크 주세요" 하고 주문한다.

"음식 나왔습니다~" 하며 음식을 식탁에 내려놓는데 어찌 된 일인지 내 앞에 놓인 건 만두. 하지만 가게 이름이 '주문을 틀리는 요리점'이니까 나는 화를 내지 않는다. 오히려 실수 덕분에 즐거운 건지도 모르겠다. 어쩌면 만두를 먹으면서 후후 웃고 있을지도 모른다.

뭐지 이거? 엄청 재미있겠는데! 꼭 보고 싶다, 반드시 만들고 싶다고 생각했습니다.

'햄버그스테이크가 만두로 뒤바뀌었다.' 이것이 〈주문을 틀리는 요리점〉이라는 기획의 근원이 되는 '원풍경'입니다. 이 원풍경이 기획의 원점인 동시에 기획의 도달점이 된 것이지요. 그래서 '실수지만, 뭐 어때!' 하고 붙잡고 싶어진 이 엄지손가락, 즉 콘셉트는 와다 씨의 시설에서 햄버그스테이크가 만두로 뒤바뀐 원풍경을 보았을 때 제가 느낀 감정을 솔직한 언어로 표현한 것입니다. 만약 이 원풍경이 없었다면 전혀 다른 표현을 사용했을지도 모릅니다, 아니, 애초에 이 요리점은 세상에 탄생하지 않았겠지요.

기획을 할 때 콘셉트가 중요하다는 말을 자주 듣습니다만, 그때 잠시 멈춰 서서 '정말로 내 마음을 움직인 원풍경이 없었나?' 하고 되돌아보면 좋습니다. 그리고 그런 멋진 원풍경을 발견했을 때 과연 무엇에 내 마음이 움직였는지를 깊이 들여다보면 꽤 재미있겠지요. 쉽게 흔들리지 않고 거짓이 없는, 진심이 담긴 콘셉트는 그런 데서 시작됩니다.

지금, 왜, 이것을 전하려고 하는지를 생각한다

지금, 왜, 이것을 전하려고 하는가?

기획을 하는 데 중요한 넷째 포인트는 '지금, 왜, 이것을 전하려고 하는가?'라는 질문입니다. 이 말은 NHK 재직 시절에 선배에게 가장 많이 들은 말입니다. 신입사원 시절에는 '기획은 내 생각과 아이디어가 전부'라고 반발한 적도 있었습니다. 하지만 이제는 '지금, 왜, 이것을 전하려고 하는가?'라는 물음이야말로 많은 사람에게 닿을 수 있는 기획을 만드는 데 절대로 빼놓을 수 없다고 믿습니다.

기획자가 반드시 찾아내야 할 것은 내가 전하고 싶은 메시지와 사회적인 배경이 교차 되는 접점입니다.

'사회와의 접점'을 발견한다

신입 시절, 야마가타 방송국에 발령되어 그곳에서 5년 반 동안 오로지 지방 도시의 소재를 발굴하는 일을 했습니다.

사내에서는 '방송 프로그램을 만들기 쉬운 현[14]'과 '방송 프로그램을 만들기 어려운 현'이 있다고들 합니다. 이를테면 축제가 많은 현이라든지, 유명한 도지사가 있는 현, 기후 변동이 극심한 현 등 특색이 많은 현은 방송으로 다루기가 쉽거든요. 설령 '높은 실업률', '열악한 치안' 같은 부정적인 특징이라 하더라도 오히려 사회파 프로그램을 제작하기는 수월해집니다. 실직한 사람을 밀착 취재할 수도 있고, 문제를 해결하려고 애쓰는 사람들에게 생생한 이야기를 들을 수도 있습니다. 미디어의 어두운 면이기도 하지만 그런 소재로부터 드라마가 탄생할 뿐 아니라, 기획을 통과시키기도 수월한 것이 사실입니다.

그런 관점에서 볼 때 야마가타현은 좋지도 나쁘지도 않은 평범하고 평화로운 곳이었습니다. 산해진미가 풍부하고 밥이 굉장히 맛있는 데다가 전 지역에 온천이 있습니다. 게다가 주택 임차료가 저렴한데도 집이 넓어서 제 인생에서 가장 수준 높은 생활을 누렸던 시절이기도 합니다.

하지만 방송 연출가 입장에서 보면 단연코 '기획하기가 어려운' 현이었지요. 별다른 문제나 사건이 적어서 뉴스가

---

[14] 일본의 행정구역은 총 47개로 1도都, 1도道, 2부府, 그리고 43개의 현県으로 이루어져 있다

될 만한 화젯거리를 발견하기가 어렵습니다. 동기나 선배에게도 "야마가타현으로 발령이 났다니 불리하겠는데" 하는 말을 들은 적도 있을 정도입니다. 전국으로 방송되는 프로그램을 기획하기는 수월치 않을 거라고 말입니다.

하지만 저는 그런 현실을 알고 나서 오히려 투지가 불타올랐습니다. 기획 제안이 통과되기 어렵기로 유명한 야마가타현에서 반드시 전국에 방송될 수 있는 기획안을 계속 만들어 보이겠어! 그런 패기가 뜨겁게 솟구쳤습니다.

지방 도시의 소소한 소재로 전국 방송의 프로그램 기획을 통과시키기 위해서는 '지금, 왜, 이것을 전하려고 하는가?' 하는 시의성, '사회적인 배경과의 접점'을 더 집요하게 생각해야 했습니다.

야마가타현의 로컬 열차 이야기

제가 야마가타현에서 제작한 집념이 깃든 기획 중의 하나로 '달려라 청춘 열차'가 있습니다. 나가이시長井市에 있는 '플라워 나가이선'이라는 지역 열차와 지방의 공업고교 학생들과의 관계를 그린 다큐멘터리로, NHK의 전국 방송〈소소한 여행小さな旅〉이라는 프로그램을 통해 전파를 탔습니다.

저는 야마가타 방송국에 배속되고 나서 야마가타현 중에서도 특히 좋아하는 장소였던, 가미노야마시上山市와 나가

이 시를 둘러싼 소재만을 파헤쳤습니다. 저는 그 두 개의 시에 관해서는 자타가 인정할 정도의 마니아였지요. 아무도 보지 않을 것 같은 홈페이지나 개인 블로그까지 샅샅이 찾아볼 정도였으니까요.

어느 날, 여느 때처럼 흥미로운 소재가 없을까 하고 검색하다가 한 남성의 개인 블로그를 발견했습니다. 구석구석 읽어보니 영락없는 마을 공장의 아저씨였습니다. 블로그 곳곳에서 '나가이 공업고교는 이 고장의 재산이다'라는 내용을 발견할 수 있었지요. 저는 당시 공업고교에 대해 만화나 드라마에서 얻은 정보만으로 '꽤 불량스러운 학생들이 가는 학교'라는 이미지를 갖고 있었습니다. 하지만 그 아저씨의 블로그를 읽어보니 아무래도 나가이 공업고교는 지역의 '엄청나게 좋은 녀석들'이 모인 학교 같았습니다. 그 고장 사람들에게 무척 사랑받고 있었지요. 제 예상과 다르다는 점에 확이끌린 저는 이 학교에 관한 무언가를 기획하고 싶어졌습니다. 하지만 구체적인 기획 아이디어를 좀처럼 찾을 수가 없었습니다.

그러던 중 '플라워 나가이선'이라는 그 고장의 로컬 열차가 존속의 위기에 처했고, 나가이 공업고교 학생들이 열차 노선 폐지를 막기 위해 프로모션 영상을 만들기도 하고 역사驛舍를 건설하기 시작했다는 소문을 들었습니다.

드디어 뭔가 기획할 수 있겠구나 싶어 줄곧 좋던 어느 날의 일입니다. 출발 시각이 지났는데 플라워 나가이선 열차가 움직이지 않고 있었습니다. 기관사가 달려오는 학생들을 '기다리는' 광경이었습니다.

플라워 나가이선은 시골 열차이다 보니 운행 간격이 길어서 한 대를 놓치면 다음 열차가 올 때까지 30분에서 1시간을 기다려야 했습니다. 상식적으로 생각하면 열차는 '운행 시간표대로 운행하는 것'이 무엇보다 중요하기 때문에 기관사가 승객을 기다린다는 것은 있을 수 없는 일이었지요. 그런데 그곳의 기관사는 뛰어오는 학생을 지긋이 기다리고 있었던 겁니다.

그 광경을 본 순간, 저는 충격을 받았습니다. 그리고 '이 광경을 사람들에게 전하고 싶다', '이거야말로 지금 전해야 할 광경이다'라는 욕망을 느꼈습니다.

마침 그때(2005년)는 일본철도 JR후쿠치야마센福知山線의 대규모 탈선 사고가 일어난 지 얼마 안 된 때였습니다.

JR후쿠치야마센 탈선 사고는 직전 역에서 지연된 시간을 만회하려던 기관사가 초조한 나머지 기준 속도를 크게 넘어선 채 커브로 진입했다가 제대로 커브를 돌지 못하는 바람에 벌어졌습니다. 107명의 목숨을 앗아간 이 참담한 사고는 '시간표대로 운행하지 못하면 질타를 받는다', '지연은 절대 용서받지 못한다'라는, 일본 기업과 일본 사회에 만연한 여유 없는 분위기에서 비롯되었다는 의견도 있었습니다. 만약에 플라워 나가이선의 기관사와 학생처럼 사람간의 유대 관계가 형성되어 있었다면, 약간의 지연쯤은 넘어가 줄 만큼 마음의 여유를 가질 수 있는 환경이었다면, 끔찍한 사고는 일어나지 않았을지도 모릅니다. 저는 야마가타현의 변방에 살고 있는 기관사와 고교생들의 훈훈한 관계성을 지금 이야말로 세상에 전해야 한다고 생각했습니다.

'나가이 공업고교와 그 고장의 흥미로운 관계성'이라는 작은 관심에서 시작된 저의 기획은 'JR후쿠치야마센 사고를 야기한 일본 사회에 대한 의문'이라는 사회와의 접점을 찾아냄으로써 전국 방송으로 송출되었습니다. 그리고 방송이 나간 후, 여러 통의 편지가 방송국으로 도착했으니 정말로 기쁜 일이었지요.

사실 제가 프로그램에서 그리고 싶었던 장면은 디젤 열차의 거울에 비친, 달려오는 학생을 지그시 바라보는 기관사의 모습뿐이었습니다. 물론 어디까지나 여행 프로그램이기에 사고에 관한 이야기는 전혀 언급하지 않았지요. 그래도 몇십 초의 장면을 보고 그 사고와 우리 사회를 둘러싼 불관용, 너그럽게 포용하지 못하는 분위기를 떠올린 많은 분이 편지를 보내주어 크게 감동했습니다.

'지금, 왜, 이것을 전하려고 하는가?'

관심이 가는 소재나 주제를 발견했다면, 그것이 사회적
으로 어떠한 의미를 갖고 있는지를 곰곰이 생각해 볼 필요
가 있습니다.

코로나 팬데믹 상황에서
'지금, 왜, 이것을 전하려고 하는가?'

2020년 4월. 코로나바이러스 감염증-19$^{COVID-19}$가 전 세
계에 맹위를 떨치기 시작했습니다. 그때 저는 코로나19가
불러일으키는 다양한 현상에 대해서 제 나름의 시각을 제대
로 갖추지 못했기에 그저 뉴스를 보거나, 빠르게 바뀌는 상
황에 농락당하기도 했지요.

마스크 부족 문제가 심각했던 그때, 지인인 중부일본플
라스틱 유키시타 마키코雪下真希子 사장에게서 한 가지 의뢰가
들어왔습니다. "꽤 많은 양의 마스크를 수입할 수 있을 것 같
은데 세상에 퍼트릴 좋은 아이디어가 없을까요?"라는 내용
이었습니다. 의료 현장에서조차 마스크가 부족한 상황이어
서 일반 시민이 마스크를 구하기란 거의 불가능했습니다. 가
격은 폭등했고 어디선가 마스크를 판다는 말만 나오면 한
상자에 5000엔이나 하는 마스크가 눈 깜짝할 사이에 동이
날 정도였습니다. 그런 상황에서 대량의 마스크를 조달할 수

있다는 그 자체가 대단한 일인데, "단지 마스크를 의료 현장에 기부하는 일회성이 아닌 지속적인 기획이 좋겠어요" 하고 말하는 유키시타 씨를 보며 '아, 얼마나 훌륭한 분인가!' 하고 생각했습니다(아, 얼마나 무리한 제안을 하는 분인가, 하고도 생각했습니다).

하지만 유키시타 씨가 무얼 말하는지는 잘 압니다. 저도 기부는 매우 의미 있는 일이라고 생각하는 한편, 한 번만 대량으로 보내고 나면 사라지는 일회성 행사가 될 것만 같았습니다. 또한 기부는 아무래도 기부하는 측의 부담이 너무나 커집니다. 그렇기에 지속적으로 지원하기가 쉽지 않고 지원의 범위를 넓히기도 어렵다고 판단했지요. 어떻게 하면 좋을까 골똘히 궁리하다가 번뜩, 친구가 진행 중인 프로젝트가 떠올랐습니다. 장애가 있는 사람도, 없는 사람도 누구나 즐길 수 있는 스포츠 경기를 개발하는 '세계유루스포츠협회' 대표인 사와다 도모히로澤田智洋 씨와 예술을 통해 복지 영역에서 다양한 도전을 계속해 2020년 포브스 재팬Forbes JAPAN '세계를 바꾸는 30세 미만의 30인'에도 선정된 헤럴보니Heralbony社의 마쓰타 다카야松田崇弥 사장과 후미토文登 부사장, 이들이 마침 〈#복지현장에도마스크를〉이라는 프로젝트를 시작한 참이었습니다.

당시엔 그다지 잘 알려지지 않았지만, 의료 현장뿐만 아니라 복지 현장에서도 마스크 부족 문제는 매우 심각했습니다. 감염 방지를 위해 '3밀密(밀폐·밀집·밀접)' 현상을 피하라고 했지만, 접촉하지 않으면 사람들을 돌볼 수가 없으니까요.

밀접 접촉을 피할 수 없는 데다 마스크를 입수하기 어려운, 여러 가지로 힘든 상황에 놓인 복지 현장. 그곳에 마스크를 보내줬으면 좋겠다고 꾸준히 호소하는 그분들의 프로젝트를 떠올리고, 대량의 마스크와 복지 현장을 연결하면 좋겠다는 생각에 이르렀습니다.

하지만 일방적인 기부를 지양하고자 궁리하다가 어떤 뉴스 영상을 떠올렸습니다.

5000엔짜리 마스크를 사고 파는 속사정

상점가의 음식점 앞에서 마스크 한 상자가 5000엔에 판매되고 있었고 그것을 몇 상자나 사가는 손님에게 포커스를 맞춘 뉴스였는데, 저는 그 뉴스에 약간 거부감을 느꼈습니다. 영상에서는 마스크를 파는 가게 주인도 마스크를 사는 손님도 모두 얼굴을 가리고 목소리를 변조해서 내보내고 있었기 때문입니다. 마치 뭔가 나쁜 짓 하는 사람들인 것처럼 보여주고 있잖아?…… 이 사람들, 뭔가 나쁜 짓을 했나? 하는 생각이 들어서였지요.

그거야, 한 상자에 5000엔이나 한다니, 너무 비싸고 어디서 조달한 건지 수상쩍은 마음도 이해합니다. 그런 마스크를 대량으로 구입하는 사람을 비열하다 느낄지도 모릅니다.

하지만 파는 사람이든 사는 사람이든 저마다 사정이 있겠지요. 음식점 영업을 할 수 없게 된 누군가가 하다못해 조금이라도 매출액을 메워보려고 마스크를 파는지도 모릅니다. 지켜야만 하는 가족과 종업원이 있을 테고, 동네를 다 헤집고 다니다가 겨우 마스크를 구할 수 있었는지도 모릅니다. 하지만 그런 사정이나 배경은 언급하지 않은 채 그저 얼굴을 가린 인터뷰 영상과 모자이크로 흐려진 상점가 앞을 보여주는 영상을 보고 있자니, 정말이지 쓸쓸한 기분이 들었습니다.

'나눔 마스크'라는 연결 고리

이 뉴스 영상을 보았을 때 느낀 위화감을 떠올린 순간, 기획에 필요한 모든 조각이 딱 맞아떨어진 듯했습니다. 저는 유키시타 씨에게 "마스크를 나누면 어떨까요?" 하고 이야기를 꺼냈습니다.

기획은 매우 단순합니다. 한 상자에 50매들이 마스크를 55매분의 가격으로 판매합니다. 구매자에게는 50매들이 마스크를 전달하고 나머지 5매분은 복지 현장에 나눠주는, 즉

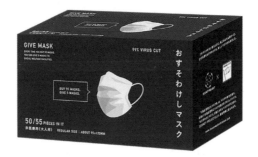

나눔 마스크 패키지

일부를 기부하는 구조입니다. 이런 구조라면 모두 당당하게 마스크를 팔 수 있고 살 수 있겠지요. 마스크 부족으로 고민하는 복지 현장에도 물론 좋은 일이고요. 바로 오미상인近江商人[15]의 중요한 경제 이념인 '판매자에게 좋고 구매자에게 좋고 세상 사람에게 좋다'는 산포요시三方よし가 성립된다고 생각했습니다.

갑자기 의욕에 찬 저는 유키시타 씨에게 이 기획은 꼭 해야 한다고 부추기게 되었지요.

---

[15] 현재의 시가현 지역인 오미近江 지방에 본점이나 본가를 두고 다른 지역으로 행상하러 다니던 상인을 일컫는 말

유키시타 씨도 이 제안에 적극적으로 응해주었습니다. 곧바로 〈#복지현장에도마스크를〉 프로젝트를 진척하던 사와다 씨와 마쓰다 형제에게 연락을 취해 기획에 관해 설명했는데 역시나 찬성해 준 덕분에 함께 프로젝트를 진행하게 되었습니다.

이 기획을 떠올린 이틀 후에는 패키지 디자인이 완성되었고 열흘 뒤에는 예약판매 개시, 그리고 눈 깜짝할 사이에 마스크 100만 매가 팔려 최종적으로 800곳의 시설에 40만 매의 마스크를 나눠줄 수 있었습니다(판매 수에 비해 나눠준 매수가 많은 까닭은, 구매자들 중에는 '55매 전부 나눠주고 싶다'는 강력한 요청이 있었기 때문입니다).

이 기획에서 '지금, 왜, 이것을 전하려고 하는가?' 하는 물음을 생각했을 때 떠오른 단어는 '연결'이었습니다.

코로나 사태로 우리에게는 생소하고 낯선 환경을 마주해야 했습니다. 긴급사태가 선언되어 외출을 금지당하기도 했으며, 접촉을 피해야 하는 상황들이 이어지며 사람 간의 거리는 점차 멀어지던 2020년 4월이었습니다. 이때에 사람들이 추구하는 것은 마스크 이상의 그 무엇이라고 느꼈지요.

그래서 〈나눔 마스크〉에 관한 취재 요청을 받았을 때, 저는 이렇게 대답했습니다.

"본 적 없는 누군가를 생각하며 마스크를 구매하고, 본

적 없는 누군가가 보내준 마스크를 손에 들고서, 이어질 리 없었던 사람들이 연결되어 서로를 생각하게 됩니다. 그러한 경험이 자연스레 퍼져나갈 수 있어 좋았습니다."

3장

표현

바람이 아니라
'해님'의 접근 방식

2장에서는 기획을 할 때 중요하게 여기는 핵심 요소에 관해 이야기했습니다.

☺ '초심자의 느낌'을 중요하게 여긴다
☺ '대단한' 기획보다 '샘나는' 기획을 목표로 한다
☺ '여기 붙어라' 하고 끌어들일 콘셉트를 단련한다
☺ 지금, 왜, 이것을 전하려고 하는지를 생각한다

네, 이 핵심을 확실히 파악하면 상당히 좋은 기획이 탄생할 겁니다. 다만, 좋은 기획을 세웠다고 해도 '표현'이 부족하면 많은 사람에게는 전달되지 않습니다.

가령 2장에서 예로 든 〈주문을 틀리는 요리점〉이라는 프로젝트명이 〈치매 어르신들의 실수를 포용하는 따뜻한 요리점〉이었다면 어땠을까요?

콘셉트는 전혀 달라지지 않았지만 매력은 훨씬 덜하지 않나요? 또한 〈나눔 마스크〉라는 이름 대신 포장 박스에 큼지막하게 '이 마스크의 일부는 복지 현장에 기부됩니다'라고 쓰여 있다면 어떨까요? 틀린 말은 아니지만 〈나눔 마스크〉라는 말에 담겨 있는, 남모르게 살그머니 하는 느낌이나 부드러운 어감은 사라지고 어딘가 강요하는 인상을 주는 것 같지요. 이처럼 표현 방법 하나로 기획의 콘셉트나 주제를 전달하는 힘 또는 파급시키는 힘이 크게 달라지고 맙니다.

그래서 제가 생각하는 표현의 핵심은 다음의 세 가지입니다.

☺ '??? …… !!!'의 흐름을 만든다

☺ 어떻게 말하느냐에 따라 가치가 달라진다

☺ 바람이 아닌 '해님'으로 접근한다

이번에도 하나씩 살펴보시지요.

'??? ······ !!!'의
흐름을 만든다

'??? ······ !!!(이게 뭘까? 실은 ······ 그렇군!)'의 흐름

저는 기획한 프로젝트를 선보일 때 사람들의 감정이 '??? ······ !!!' 이런 순서로 흘러가게끔 유념합니다. 이게 뭘까 싶은 생각이 들지요?

각각의 부호는 다음과 같은 반응을 나타냅니다.

'???' → '이게 뭘까?'

'······' → '실은······'

'!!!' → '그렇군!'

사람이 관심을 갖게 되고, 이해하고, 깨달음을 얻는 감정 변화의 흐름이라고 생각하면 좋겠지요. 이를테면 〈주문을 틀리는 요리점〉이라는 제목을 처음 들었을 때, '응? 이게 뭘까?' 하고 흥미를 느끼지 않으셨나요?

요리점에서는 당연히 주문을 '틀리지 않는' 법이니까요. 상식을 뒤집는 표현이기에 '응? 뭘까?' 하고 많은 사람의 관심을 끌어당기는 힘이 있습니다.

이번 장의 도입부에서도 언급했듯이, 만약 이 기획의 제목이 〈치매 어르신들의 실수를 포용하는 따뜻한 요리점〉이었다면 어땠을까요? 일단 설명이 너무 길지요. 게다가 '이게 뭘까?' 하는 호기심은 안 생기지 않나요?

이처럼 기획을 생각할 때는 그 기획을 처음 접한 사람의 머릿속에 '???(이게 뭘까?)' 하고 관심을 확 끌어당기는 계기를 만드는 것이 중요합니다. 궁금증을 불러일으키는 요소가 있어야 흥미를 갖고 기획의 상세한 내용을 알고 싶어 할 테니까요. 그런 매력이 강하면 강할수록 더 많은 사람의 마음을 사로잡을 것입니다.

'???(이게 뭘까?)' 단계에서 중요한 역할을 담당하는 것은 대부분 기획의 제목이지만, 그 밖에도 관심을 끌어당기는 요소가 있습니다.

다음 페이지의 사진을 한번 보시죠.

일본의 대표적인 포털사이트 야후재팬Yahoo! JAPAN이 2017년 3월 도쿄 긴자銀座 거리에 있는 소니빌딩에 내건 광고입니다. 이 광고를 보고 '이게 뭐지?' 하고 궁금해지지 않나요? 글자투성이인 간판에 색칠된 한 줄이 도드라져 보입니다. 실은

3月11日。この日が来るたび、私たちはあのときのことを振りかえる。東日本大震災から、早くも6年が経った。災害なんて、もう起きるな。毎年のように私たちはそう思うけれど、災害はいつかまた、たぶん、いや確実に起きてしまうだろう。あの日、岩手県大船渡市で観測された津波は、最高16.7m。もしも、ここ銀座の真ん中に来ていたら、ちょうどこの高さ。想像よりも、ずっと高いと感じたはず。でも、この高さを知っているだけで、とれる行動は変わる。そう。私たちは、今、備えることができる。被災した人たちの記憶に想像力をもらい、知恵を蓄えることができる。あの日を忘れない。それが、一番の防災。ヤフーはそう思います。

광고 카피의 '딱 이 높이ちょうどこの高さ'라는 문구의 라인이
오후나토시大船渡市에서 관측된 쓰나미의 높이 16.7미터를 가리킨다

이 '딱 이 높이'라고 쓰인 줄이, 이와테현^{岩手縣} 오후나토시에서 관측된 쓰나미의 높이 16.7미터를 가리킵니다. 뉴스 보도와 인터넷 기사만으로는 좀처럼 실감하기 어려운 쓰나미의 실제 높이를 시각적으로 가리켜서 사람들에게 재해에 대비하는 의식을 갖게 하는 동시에 지난 지진의 기억을 계승하고자 하는 결의를 나타낸 멋진 광고입니다.

이 의미를 알게 되었을 때 '우왓, 이런 광고가 있다니!' 하고 감탄했습니다(구글의 구인 광고 간판도 그렇지만 저는 간판 광고에 약한 모양입니다).

자극만 강한 표현에는 의미가 없다

그렇지만 '???(이게 뭘까?)' 하는 궁금증만 자극하는 표현에는 의미가 없다고 생각합니다. 얼핏 시선을 끄는 자극적이고 멋있는 광고물이라고 해도, 그래서 뭘 전하고 싶은 건지 도통 알 수 없는 사례도 있습니다. 재미있지만 결국 누가 무엇을 위해 기획한 것인지, 거기에 필연성이 없는 광고는 그다음 단계인 '이해'로 나아갈 수가 없습니다. 이해가 되지 않으면 사람들은 그 기획을 잊어버립니다. 그래서 흥미를 느낀 사람들이 내용까지 명확히 이해할 수 있는 '알기 쉬운 결과물'을 준비해야 하는 거지요.

이때 중요한 것이 '······(실은······)'에 해당하는 부분입니다. 야후재팬의 기획은 그 점이 확실했습니다. 조금 전에 저는 이렇게 썼습니다.

이 광고를 보고 '이게 뭐지?' 하고 궁금해지지 않나요? 글자투성이인 간판에 색칠된 한 줄이 도드라져 보입니다. 실은 이 '딱 이 높이'라고 쓰인 줄이, 이와테현 오후나토시에서 관측된 쓰나미의 높이 16.7미터를 가리킵니다.

글자와 의문의 라인만으로 이만큼 사람을 끌어당기고 강렬하게 이해시키다니, 멋진 기획입니다.

〈주문을 틀리는 요리점〉에서도 이 기획에 관심을 가지게 된 사람이 취지를 단번에 이해할 수 있도록 웹사이트에 설명과 사진을 실어 요리점의 모습과 분위기를 전했습니다. 무엇보다 누구나 요리점에 와보면 직접 체감하고 이해하게 됩니다. 레스토랑의 홀 스태프 전원이 치매 증상을 겪고 있는 분들이어서 주문을 잘못 받을 가능성이 있는 가게로구나! 이 내용을, 기획을 접한 사람들 모두가 알 수 있는 짜임새로 구성하려고 무척 애썼습니다.

이렇듯 '뭐지?' 하고 흥미를 확 잡아끈 뒤에 '실은……' 하고 설명해 주어 취지를 이해할 수 있도록 하는 것이 중요합니다.

'깨달음'이 기획의 폭을 넓힌다

다음으로 중요한 것은 '!!!(그렇군!)'입니다.

흥미를 불러일으키고 취지를 이해시켰다면 기획은 얼핏 성공한 것으로 보이지만, 이해한 데서 그치지 않고 고객스스로 새로운 '깨달음'을 얻을 수 있다면 그 기획은 더 널리알려질 수 있습니다.

〈주문을 틀리는 요리점〉에서는 레스토랑을 찾아온 손님대부분이 '치매 어르신들의 실수를 자연스럽게 받아들이는따뜻한 레스토랑'이라는 사실을 넘어서 '실수를 허용하고 함께 웃을 수 있는 환경이란 참으로 훈훈하고 멋지구나', '우리일상에서도 비슷한 일이 많지' 하고 기획의 근간에 있는 콘셉트의 취지를 스스로 깨닫게 됩니다.

사람은 '스스로 알아차리거나 발견하고 싶어 하는 생명체'라고 생각합니다. 아름다운 경치가 한눈에 보이는 자신만의 장소를 발견하거나, 아무도 풀지 못하는 어려운 문제의 답을 찾는 것도 이 때문이겠지요. 여러분 중에도 자신의힘으로 알아냈기에 기뻤던 경험이 있으신가요?

'자신이 알아차리거나 발견한 것'은 마음속에 아주 오래도록 남습니다. 그리고 다른 사람에게도 그 깨달음을 '공유'하고 싶어서 아주 근질근질해집니다. 그렇게 해서 입소문이나고 기획은 점점 널리 알려지기 마련입니다. 내용과 취지를

'이해'시키는 데서 그치지 않고 '깨달음'까지 얻게 해야 하는 까닭이 바로 여기에 있는 겁니다.

처음에는 모두 "재미있을 것 같아!" 하고 관심을 가질 수 있도록 '???(뭘까?)' 하고 궁금증을 불러일으킬 계기를 만듭니다. 그런 다음에 '……(실은……)' 하고 기획을 설명해 이해시켜야 하고, 마지막으로 '!!!(그렇군!)' 하고 기획을 접한 사람이 스스로 깨달을 수 있는 여백을 남겨놓는 것이지요.

제 경험을 되돌아봐도, 왠지 잘 풀리지 않았던 기획은 궁금증의 결정타가 되는 '???(뭘까?)' 단계가 부실하거나, 반대로 시선은 잡아끌었지만 '……(실은……)' 하는 설명이나 스토리성이 없다거나, 또는 '!!!(그렇군!)' 하고 감탄할 만한 새로운 깨달음이 없었던 사례가 많습니다. 그러면 이 기획을 다른 누군가에게 전하고 싶다는 마음이 생길 리가 없으니 좀처럼 세상에 알려지지 않았던 게 아닐까요.

모두가 힘을 모아
암을 고치는 프로젝트 〈딜리트 C〉

제가 진행해 온 프로젝트 중에서 아까 설명한 '??? …… !!!(이게 뭘까? 실은…… 그렇군!)'을 대표하는 기획이 있습니다. 바로 〈딜리트 C〉라는 프로젝트입니다.

우선 이 이미지를 보시죠.

'뭐야 이게?'라고 반응하시지 않았나요?

C.C.레몬⑯이라는 제품명에서 알파벳 'C'
를 지운 선이 보입니다. 이런 포장은 아
마도 지금까지 본 적이 없을 겁니다. 슈
퍼마켓이나 편의점에서 이 제품을 발
견했다면 무심코 '어라?' 하고 멈춰 서
는 사람이 많지 않을까 싶습니다. 왜 C를
선으로 지운 거지? 하고 궁금증이 일어
나겠지요.

실은 〈딜리트 C〉의 'C'는 암을 뜻하
는 영단어 Cancer의 첫 알파벳 'C'와 같
습니다. 그 C를 제거delete하는 행위를 통
해 '모두가 힘을 모아 암을 고칠 수 있는 질병으로 만들기'에
동참하게 되는 프로젝트입니다.

이 프로젝트의 체계는 매우 간단합니다.

1. 기업은 기업명, 상품명, 서비스명에 포함된
   'C'를 지운다
2. 개인은 'C'가 지워진 상품을 사고 서비스를 이용한다

⑯ 산토리에서 판매하는 청량음료

3. 매출액의 일부가 암 치료 연구를 위해 기부된다

한마디로 'C'가 지워진 상품과 서비스를 많이 만들어 그 상품의 매출액 일부를 암 치료 연구에 기부하자는 프로젝트입니다.

〈딜리트 C〉의 체계

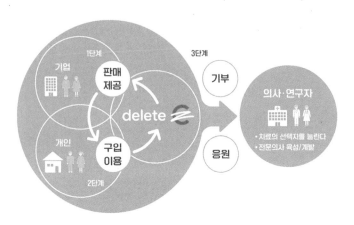

자세히 보면 앞에서 본 C.C.레몬의 포장에도 이러한 설명이 기재되어 있습니다.

C.C.레몬은 '모두가 힘을 모아 암을 고칠 수 있는 병으로 만드는' 딜리트 C 프로젝트를 응원하고 있습니다. 매출액의 일부가 딜리트 C를 통해 암 치료 연구를 진척시키는 데 사용됩니다.

이때 일어나는 현상이 바로 '???(이게 뭘까?)'부터 '……(실은……)'까지의 흐름입니다.

C가 지워진 C.C.레몬 포장을 보고 '???(이게 뭘까?)' 하고 흥미를 갖게 된 사람이, 포장지와 웹사이트에 기재되어 있는 '……(실은……)'에 해당하는 설명을 보고 기획의 취지를 이해합니다.

그다음 '!!!(그렇군!)' 단계에서는 사람에 따라 다양한 깨달음이 있겠지요. 암 투병하는 가족을 떠올리는 사람도 있을 수 있고, 자신도 암에 걸릴 가능성이 있으며 암이 자신과 동떨어진 병이 아니라는 사실을 새삼스럽게 깨닫는 사람도 있을 겁니다. 또는 암에 관련해 내가 할 수 있는 일은 아무것도 없다고 생각하던 사람도 뭔가 할 수 있는 일이 있을지 모르겠다는 생각을 시작할지도 모릅니다.

〈딜리트 C〉는 2019년 9월 5일부터 비영리법인으로서 운영되고 있으며 2021년 12월 말 현재까지 100곳이 넘는 기업과 단체가 참가하고 있습니다. 특히 2020년 9월에 처음으로 실시한, 참여자가 업로드한 SNS 게시물이 암 치료 연구의 기부 실적이 되는 〈#딜리트C대작전〉이라는 프로젝트에는 100만 명 이상이 참가했습니다.

소비자가 참가 기업의 상품과 기업명의 C를 지운 사진을 찍어 SNS에 '#딜리트C대작전'이라는 해시태그를 붙여 업로드하면, 참가 기업이 게시물 한 건당 100엔을 기부하는 구조였는데 산토리^{SUNTORY[17]}, 고쿠요^{KOKUYO}, 가루비^{Calbee[18]}, NTT 커뮤니케이션즈 같은, 우리가 너무나도 잘 알고 있는 기업과 상품의 C를 지울 수 있다는 이유로 소비자 사이에서 무척 열기를 띠었습니다. 어떻게 했나 싶을 정도로 다양한 아이디어를 통해 수많은 C가 지워졌습니다.

이러한 관심과 참여가 널리 퍼져나가면서 암 치료 연구의 최전선에서 일하는 의사나 연구자, 운동선수, 예술가, 배우, 그리고 각 지역 고유의 캐릭터까지 참가하면서, 총 3000만 명이 넘는 사람에게 정보가 전달되는 큰 반향을 일으켰습니다.

2021년 9월에도 〈#딜리트C대작전2021〉을 실시했는데 규모는 더욱 커져서 시작되자마자 '#딜리트C대작전'이 트위터의 실시간 트렌드에 올랐고, 최종적으로 업로드 수 2만 건

---

[17] 주류와 음료를 제조, 판매하는 회사
[18] 제과회사. 칼슘의 'Cal'과 비타민 B1의 '비'를 합쳐 만들었다고 한다

〈#딜리트C대작전〉으로 트위터에 오른 수많은 사진

이상, 총 5000만 명 이상에게 도달했습니다.

2년간 모인 기부 금액은 4000만 엔에 달했습니다. 연구에 막대한 자금이 필요하기 때문에 아직 적은 금액이지만, 의료 관계자와 연구자들에게서 '암 치료 연구에 관심이 없었던 사람들을 끌어들이는 이런 이벤트는 이제껏 없었다. 금전적인 것 이상으로 그 전파력에 기대하고 있다'는 따뜻한 말을 들었습니다.

암을 고칠 수 있는 병으로 만들고 싶습니다

〈딜리트 C〉 기획에는 '??? …… !!!(이게 뭘까? 실은, 그렇군!)'의 세 가지 요소가 깔끔하게 갖춰진 것처럼 보이지만, 초기 기획 단계에서 좋은 '표현' 방법을 좀처럼 찾지 못해 무척 고전했습니다.

〈딜리트 C〉 프로젝트를 시작하게 된 계기는 나카지마 나오中島ナオ라는 여성과의 만남이었습니다. 나카지마 씨와는 2016년, 제가 연설자로 참가했던 30명 정도 규모의 스터디 모임에서 만났는데 모임을 마치고 나서 나카지마 씨가 명함을 들고 저를 찾아왔습니다. 그때는 인사만 나누었고 한 달 후에 다시 이야기할 기회가 생겼는데 나카지마 씨는 자신이 30세에 유방암이라는 사실을 알게 되었다는 것, 그리고 저와 처음 만났을 때는 가장 많이 진행된 4기 상태였다는 이야

기를 해주더군요. 내용만 보면 상당히 무거운 대화가 될 법도 했지만, 나카지마 씨의 말과 표정에는 비장한 느낌 같은 건 전혀 없었고 오히려 하고 싶은 게 많다면서 자신이 하고 싶은 일을 줄줄 읊었습니다.

그가 들려준 이야기가 너무도 재미있어서 무의식중에 그만 "제가 하는 일이, 하고 싶은 일을 실현하기 위한 프로듀싱입니다"라는 말이 튀어나오고 말았습니다.

이후 인연이 되어 'QOL디자이너[19]'로 일하는 나카지마 씨를 도와 종종 홍보 일을 맡다가, 2018년 11월 2일 커다란 전환점을 맞게 됩니다.

제게 의논하고 싶은 일이 있다는 나카지마 씨를 시부야의 한 카페에서 만났습니다. 그러자 나카지마 씨는 인사도 하는 둥 마는 둥 하더니 바로 "저는 암을 고칠 수 있는 병으로 만들고 싶어요"라고 말하더군요.

암을 고칠 수 있는 병으로… 말인가요? 앗, 그런 말은 가능한 한 듣고 싶지 않았는데, 이게 저의 솔직한 심정이었습니다. 아니, 어쩌면 저는 2년간 나카지마 씨의 모습을 지켜보면서 그분의 바람을 가슴 아플 정도로 잘 알고 있었습니다.

다만 암을 고칠 수 있게끔 하는 일에 제가 할 수 있는 건

---

[19]   Design for Quality of Life. 삶의 질을 위한 디자인

아무것도 없다고 생각했습니다. 저는 의사도, 제약회사 연구원도 아니고 국가 정책을 결정할 수 있는 사람도 아니니까요. 암을 치료 가능한 병으로 만들 수 있다면 정말 좋겠지만 그건 인류의 꿈 같은 장대한 이야기 아닙니까. 그러니 제가할 수 있는 일은 아니라고 생각했던 거지요. 그래서 나카지마 씨의 심정을 너무나 잘 알면서도 지금껏 그 이야기는 애써 피해왔습니다. 하지만 지금, 얼굴을 마주한 채로 "저는 암을 고칠 수 있는 병으로 만들고 싶어요"라는 말을 기어코 듣고 만 거죠. 나카지마 씨의 진심 어린 눈을 본 그날, 결국 저는 암을 고칠 수 있는 병으로 만들기 위해 우리가 뭘 할 수 있는지, 진지하게 생각해 보기로 했습니다.

〈프로덕트 레드〉와 〈아이스 버킷 챌린지〉

하지만 그런 아이디어가 쉽게 떠오를 리는 없었습니다. 우선은 가까운 사례를 돌아보는 데서 시작했지요.

그러자 번뜩 〈프로덕트 레드product red〉라는 프로젝트가 떠올랐습니다. 애플과 코카콜라, 나이키 같은 글로벌 기업이 레드red의 이름을 붙인 빨간색의 특별한 상품을 만들어 판매하면 그 수익의 일부가 아프리카의 에이즈 지원 프로그램으로 기부되는 캠페인입니다. 전설적인 아일랜드의 록밴드 U2의 보컬인 보노가 주최자 중 한 사람으로, 2006년부터 시작해 지금까지 300억 엔 이상의 기부금이 모였습니다.

정말 대단한 일이지만, 일부 납득이 되지 않았습니다. '???(뭘까?)' 하는 요소는 물론 있습니다. 하지만 '왜 빨간색이지?'라든가 '왜 에이즈를 지원하는 걸까?' 하고 여러 의문이 남았습니다. 결국 이 프로젝트는 규칙을 만든 사람들의 압도적인 리더십에 의해 실현된 게 아닐까 생각했지요.

대단하고 멋진 프로젝트인 데다가 자금도 확실히 모일 테지만, 저는 보노가 아니거든요. 제 힘으로는 도저히 할 수 없을 것 같았습니다.

그리고 다음으로 생각해 낸 것이 〈아이스 버킷 챌린지Ice Bucket Challenge〉라는 프로젝트입니다. 난치병인 루게릭병ALS (근위축성 측색 경화증) 치료 연구를 지원하기 위해 양동이에 든 얼음물을 머리에 뒤집어쓰는 모습을 SNS에 올리거나, 미국 ALS협회에 기부하는 프로젝트입니다. 2014년에 미국에서 시작되어 각계의 저명인사들이 참가하면서 전 세계에 폭발적으로 퍼져나갔습니다. 결과적으로 140억 엔의 기부금이 모여 큰 성과를 이뤘지요.

정말로 훌륭한 프로젝트입니다. 굉장히 큰 성과를 내고 있는 데다 이것 또한 '뭐지?' 하고 흥미를 불러일으키는 요소가 확실히 들어 있지요. 얼음물을 끼얹는 사진은 단번에 사람들의 시선을 끌어당깁니다. 다음은 누가 얼음물을 뒤집어

쓸까 하고 묘하게 설레기도 합니다.

다만, 아무래도 조금 이해되지 않는 부분이 있습니다. 얼음물을 뒤집어쓰는 게 쉬운 일이 아닌데 왜 그걸 해야만 하는 거지? 하는 생각을 지울 수가 없더군요. 설명을 들어도 완전히 이해되질 않습니다.

이 당시 저는 아직 NHK 소속이어서 조사해 보았더니 〈아이스 버킷 챌린지〉라는 이름을 알고 있는 사람은 22퍼센트밖에 되지 않았습니다. 게다가 ALS가 어떤 병인지를 이해하고 있는 사람은 거의 없더군요.

〈아이스 버킷 챌린지〉는 하늘 높이 쏘아 올리는 불꽃놀이처럼 단발적인 프로젝트로서는 굉장하지만, 목적을 모두가 제대로 공유할 수 있는 구조가 갖춰졌다면 훨씬 큰 힘을 지속적으로 발휘했을 거라는 생각이 듭니다.

강렬한 '뭘까?'는 많은 사람을 끌어당깁니다. 하지만 '실은……'과 '그렇군!'이 약하면 그 이벤트는 어느 시점에서 열기가 점점 수그러들 수밖에 없습니다. 도리어 의문이 커진 탓에 널리 전파되지도 않고 계속되지도 않는 경우가 많습니다.

두 프로젝트 모두 정말 감탄할 만큼 훌륭하지만, '아까워, 한 고비만 넘기면 되는데!' 하는 느낌입니다.

그렇지, 'C'를 없애자

말은 이렇게 해도, 프로젝트 아이디어가 쉽게 떠오르지 않아 어떻게 하면 좋을지 무척 고심하던 때였습니다. 나카지마 씨가 "그러고 보니······. 어제 우연히 이런 분을 만났어요" 하면서 명함 한 장을 꺼내더군요. 'MD 앤더슨 암센터^MD Anderson Cancer Center'라는 미국 암 전문 병원의 우에노 나오토上野直人 선생의 명함이었습니다.

나카지마 씨는 저와 만나기 전날, 우연히 우에노 선생을 만나 암을 고칠 수 있는 병으로 만들고 싶다는 바람을 이야기했고, 선생은 나카지마 씨의 바람에 크게 공감했다고 합니다. 나카지마 씨가 "우에노 선생님이 뭔가 함께 할 수 있는 일을 생각해 보자고 하셨어요!" 하고 기쁜 표정으로 이야기하며 보여준 우에노 선생의 명함을 보고 저는 충격을 받았습니다.

그 명함에 쓰인 '암센터'에서 '암'이라는 글자에 빨간 줄이 그어져 있었기 때문입니다.

그것을 본 순간, 저는 소리를 질렀습니다.

"나카지마 씨, 이거예요! C! C를 지우자고요!"

제 머릿속에 'C를 지우는 프로젝트!'라는 아이디어가 번개처럼 스쳤습니다. 우에노 선생의 명함에서 Cancer에 그어져 있는 빨간 선을 본 순간, 여러 생각이 전부 하나로 연결되

'암(Cancer)'이라는 글자에 선이 그어져 있는 명함

었습니다.

나카지마 씨의 '암을 고칠 수 있는 병으로 만들고 싶다'는 일념, 두 명 중 한 명이 걸린다는 암이 일본의 사망 원인 1위라는 사실, 수많은 사람이 중요하다고 생각은 하면서도 자신이 할 수 있는 일은 좀처럼 없다고 생각하는 분위기. 어떻게 하면 세상 사람들이 일상생활 속에서 '암'이라는 과제를 마주하고 싶어질까.

답은 세상에서 알파벳 'C'를 없애는 표현 방법에 들어 있다고 생각했습니다. 상품과 서비스에서 C를 제거하고 그 매출액의 일부를 암의 치료 연구에 기부한다. 이 아이디어의 장점은 일상생활 속에 '???(이게 뭘까?)' 하고 관심을 가질 수 있는 계기를 만들어놓을 수 있다는 것이었습니다. 이름에 C가 포함된 상품과 서비스는 생활과 밀접한 곳에 수없이 존재합니다. C.C.레몬, 캠퍼스^Campus 노트, 가루비의 모든 상품들……. 평소에는 암을 의식할 일이 별로 없지만 생활과 밀접한 상품에 암을 연결시키면 암이라는 주제를 훨씬 쉽게 가까이할 수 있을 거라고 생각했습니다. 그렇다면 저처럼 암의 치료와 연구에 직접 관여하지 않는 사람도 자기 일처럼 참여할 수 있겠다 싶었지요.

☺ (이게 뭘까?) C를 지운 상품
☺ (실은……) Cancer(암)의 첫 알파벳 C를 지운 특별한 상품으로, 매출액의 일부가 암 치료 연구에 기부된다
☺ (그렇군!) 그렇다면 나도 할 수 있다! 암이 가까운 데 있다는 것을 새삼스레 깨닫는다

바로 '??? …… !!! (이게 뭘까?, 실은, 그렇군!)'의 흐름을 갖춘 구체적인 표현을 찾은 순간이었습니다.

뛰어난 아이디어는 모든 고민을 한 방에 해결한다

저는 '이건 되겠는걸' 싶은 아이디어가 떠오를 때는 반드시 머릿속에서 어떤 소리가 울립니다. '쨍!' 하는 고음인데요, 이 음이 들리면 예외 없이 깔끔하게 '??? …… !!!'의 흐름이 갖춰져 있습니다.

마리오 시리즈나 젤다의 전설 시리즈 등 명작 게임을 탄생시킨 아버지로 알려진 닌텐도의 프로듀서 미야모토 시게루宮本茂 씨는 '뛰어난 아이디어는 여러 가지 과제를 한 번에 해결해 준다'고 강조했습니다. 저는 이 말을 처음 들었을 때 '아, 정말 맞는 말이네' 하고 공감함과 동시에 뛰어난 아이디어 발상은 정말 어려운 일이라고 생각하면서도 기획을 하려거든 그 지점을 목표로 해야겠다고 마음을 먹었습니다.

어려울지도 모르지만 포기하고 싶지 않았습니다. 과제가 그리 단순할 리도 없고 다양한 요소가 얽혀 복잡한 구조를 이루고 있으니까요. 한 가지를 해결했다고 해도 또 다른 과제, 그리고 또 다른 과제가 잇달아 나타나, 영원히 끝나지 않는 눈 치우기 같은 작업을 계속해야 한다고 생각하니 오싹했습니다.

미야모토 씨는 아이디어를 생각해 낼 때, 여러 과제를 모조리 꺼내 목록을 만든다고 합니다. 그 목록을 바라보면서 정말로 근간이 되는 과제는 무엇인지를 확인합니다. 그것을 '이얍!' 하고 단번에 뒤엎을 해결책을 생각해 내면 '탁탁탁탁' 여러 과제가 차례로 해결된다고 말이지요. 마치 무협 만화에 나오는 '급소' 같군요. 어떤 거대한 적도 쓰러뜨릴 수 있는 필살의 급소 말입니다.

제가 아이디어를 낼 때의 급소는 바로 '??? …… !!! (이게 뭘까?, 실은, 그렇군!)'입니다. 이 세 가지 요소를 확실히 갖추면 몇 가지나 되었던 과제가 착착착 해결되곤 합니다.

만약 여러분의 기획에 과제가 잔뜩 쌓여 있다고 해도 그들을 단번에 해결해 줄 아이디어의 급소가 반드시 존재할 것입니다. 미야모토 씨 같은 달인의 경지에 이르기는 쉽지 않겠지만 이 '??? …… !!! (이게 뭘까?, 실은, 그렇군!)'은 기획이 좋은지 아닌지를 가늠하는 하나의 기준이 될 수 있을 거라고 믿습니다.

자신이 낸 기획을 약 30초 동안 '??? …… !!!'의 흐름대로 술술 이야기할 수 있다면 그 기획은 상당히 잘 고안된 것입니다. 만약 설명하는 데 3분이 걸렸다면 어딘가가 막혀 있다는 뜻이니 다시 고심하면서 고쳐보면 좋습니다.

어떻게 말하느냐에
따라 가치가 달라진다

다도에 깃든 '미타테' 사고관

일 년쯤 전에 도예가인 친구가 연 개인전에 놀러 갔습니다. 그 친구는 다도에서 사용하는 찻종을 만들고 있는데 저는 그 분야에는 완전히 문외한입니다. 다만 어른의 소양을 갖출 겸 그런 걸 접하면 멋있어 보이지 않을까 해서 발걸음을 옮겼던 거지요.

친구가 다기를 하나하나 자세하게 설명하는 동안에 '어라?' 하고 저의 시선을 잡아끄는 찻종이 있었습니다. 입을 대는 가장자리 부분이 깨져 있었거든요. 그런데 친구는 그 찻종을 손에 집어 들고는 "이런 찻종은 '이 빠진 찻종'이라고 해서 굉장히 좋은 거야"라고 설명하는 게 아니겠어요? '그건 아니지, 실패작이잖아!' 하고 의아해하는 제게 친구는 말했습니다.

"다도에는 다른 시각으로 해석하는 '미타테見立て' 사고관

이 있어. 미타테적 관점으로 보면 이 깨진 찻종은 보름달이 뜨기 전날의 달로 해석하기도 해. 이제 막 보름달이 되려고 하는 달. 그때가 가장 에너지 넘치는 상태거든. 그래서 이가 빠진 찻종에다 차를 마시면 힘이 솟는다고 해서 인기가 많아."

어어어어, 정말? 그러니까 엄청 갖고 싶군. 회사를 그만두고 불안정하기 짝이 없는 인간에게 이렇게 구미가 당기는 말은 또 없더군요. 안타깝게도 다른 사람이 구매 예약을 했다고 해서 이 깨진 찻종을 사지는 못했지만, 왠지 분한 마음에 다른 찻종을 두 개나 사고 말았습니다(친구는 장사의 달인이에요).

그가 말하는 '미타테'는 '사물을 본래의 모습이 아니라 다른 사물로 본다'는 뜻입니다. 깨진 찻종을 보름 전날에 뜨는 달로 보았듯이, 정원에 놓인 돌을 산과 새로 본다거나 라쿠고落語[20]에서 주름 부채를 젓가락이나 담뱃대로 본다거나, 또는 일본 고유 형식의 시 와카和歌에서도 전통 연극인 가부키歌舞伎에서도 예로부터 '미타테'라는 새로운 시각으로 다양한 표현을 해왔습니다.

저는 이 '미타테'를 '그러니까 모든 건 말하기 나름이라

---

[20] 무대에서 한 사람이 기모노를 입고 방석에 앉아 부채나 수건을 이용하며 만담을 하는 일본 전통 공연

는 거지?'라고 얼렁뚱땅 해석해 봅니다(다도의 대가 센노리큐千利休에게 혼날 말이겠죠).

하지만 저는 '모든 건 말하기 나름'이라는 표현을 무척 좋아합니다. 비슷한 말이라도 어떻게 하느냐에 따라 듣기 좋은 말이 되기도 하고 듣기 싫은 말이 되기도 하는 법이니까요. 깨진 찻종을 보름달이 뜨기 전날에 볼 수 있는 달이라고 표현함으로써 물건의 가치가 완전히 달라졌듯이 말입니다. 그래서 저는 관심이 없었던 찻종을 두 개나 구입했고요.

〈나눔 마스크〉에 쓰인 '50/55'

앞서 언급한 〈나눔 마스크〉에서도 '모든 것은 말하기 나름'의 힘을 사용해 마스크의 가치를 완전히 뒤바꿨습니다.

〈나눔 마스크〉 프로젝트의 마스크는 어디서든지 흔히 볼 수 있는 평범한 50매들이 마스크입니다. 색깔도 무늬도 없고 특별한 기능도 없는 흔해 빠진 마스크일 뿐입니다. 깨진 찻종을 달리 보았던 것처럼 이 마스크에도 '같은 일도 말하기 나름'의 포인트를 만들어야 합니다. 그래서 제가 한 일은 바로 [50/55]라는 숫자를 넣는 것이었습니다. 55매 분량 중 50매만 들어 있다는 표현이지요.

이렇게 표기함으로써 '사실은 55매가 들어 있었지만 50매는 구매자인 당신에게, 나머지 5매는 복지 현장으로 배송

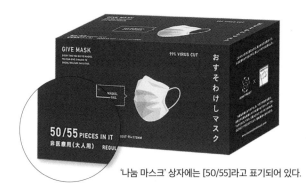
'나눔 마스크' 상자에는 [50/55]라고 표기되어 있다.

됩니다'라는 프로젝트의 스토리와 경험을 전할 수 있었습니다. 단 4개의 숫자와 하나의 기호를 더 써넣었을 뿐이지만 이 표현이 어디에나 있는 흔한 마스크를, 특별한 의미를 지닌 마스크로 바꿔준 것이지요.

　50매들이의 평범한 마스크를 보고 '원래 55매가 들어 있었다니 어이없네'……하고 생각할지도 모르지만, 가만히 있으면 물건의 가치는 바뀌지 않습니다. 이 빠진 찻종은 찻종 그대로이고 평범한 마스크는 어디에나 널린 마스크 그대로일 뿐입니다. 그렇다면 이런 식으로 말해보면 어떨까, 저런 식으로 말하면 어떨까 하고 다소 상식에서 벗어나도 좋으니 우선은 말해보는 겁니다. '모든 것은 말하기 나름'을 자신 있게 되도록 많이 시도해 보는 거지요. 그렇게 시행착오를 겪으면서 이 빠진 찻종이 가장 에너지 넘치는 찻종으로 보이고, 평범한 마스크가 누군가와의 유대가 느껴지는 특별한 마스크로 보이는, 그런 표현을 찾게 될 것입니다.

'모든 것은 말하기 나름'을 훈련한다

"그럼, 어떻게 하면 '모든 일은 말하기 나름'의 힘을 익힐 수 있습니까?" 하는 질문을 종종 받습니다. 그런 말솜씨도 없고 좋은 표현이 잘 생각나지 않는다면서 말이지요. 그런 여러분을 위한 좋은 트레이닝이 있어서 소개해드립니다. 일명 '사진으로 한마디!'라는 언어유희입니다.

사바나를 어슬렁거리는 한 마리 수사자의 사진에 [2차, 여기 맞지? 여기 아닌가?] 하고 한마디 코멘트를 붙이면, 사진 속 사자가 애잔한 부장님의 모습 같아서 눈물이 멈추지 않게 됩니다.

저는 '보케테bokete'라는 일본 최대급의 언어유희 사이트에 들어가 제 마음대로 한마디를 붙여보면서 놀곤 하는데, 다양한 '말 표현법'을 궁리해 볼 수 있는 좋은 훈련이 됩니다.

'미타테' 사고법을 이야기하다가 꽤 멀리까지 온 것 같군요. 이제 슬슬 센노리큐에게 얻어맞을 것 같으니 다음 이야기로 넘어가겠습니다.

바람이 아닌
'해님'으로 접근하기

익숙한 '바람'식의 접근

'표현'에서 중요하게 여겨야 할 또 다른 핵심은 '바람이 아니라 해님처럼 접근하라'입니다. 이 책의 제목 『하하호호 기획법』에도 직결되는 부분으로, 예전에 미디어에서 일한 경력 때문인지는 몰라도, 저는 이 지점을 유념하고 있습니다.

「바람과 해님」 우화는 유명해서 많은 분이 알고 있을 것입니다.

어느 날, 바람과 해님이 누가 더 강한지 확인하려고 내기합니다. 지나가는 나그네의 외투를 먼저 벗기는 쪽이 이기는 것으로 하고 바람은 차가운 바람을 불어대지만 남자는 추워서 외투를 더 꽁꽁 여미지요. 반면에 해님이 따뜻한 햇살을 비추자 남자는 무심코 외투를 벗고 맙니다. 그래서 결국 해님이 이긴다는 내용입니다.

저는 이 우화가 많은 것을 시사하고 있다고 느껴집니다.

특히, 저의 과거를 되돌아보면서 이야기를 읽으면 가슴이 아파옵니다.

NHK에서 사회 이슈를 다루는 방송 프로그램을 만들던 시절, 대부분 바람의 접근법을 취했던 것 같습니다.

구급 의료를 취재할 때의 일입니다. 일본에는 구급차가 바로 달려올 수 없는 '구급 의료 사각지대'가 있어서 구할 수 있는 생명을 구하지 못할 가능성이 있다는 보도를 했습니다. 그 밖에도 고도 경제성장기에 대량으로 만든 다리의 심각한 노후화 현상으로 인한 붕괴 사례 등도 소개하면서 이대로라면 일본 각지에서 다리가 무너져내릴 가능성도 부정할 수 없다는 조사 보도를 한 적도 있습니다.

"이대로라면 정말 큰일납니다", "여러분, 까딱 잘못했다가는 죽게 될 텐데 이대로 괜찮겠습니까?"라며 무시무시한 분위기를 조성해 정보를 전했던 거지요.

하지만 이렇게 하지 않으면 정보가 전달되지 않습니다. 지금도 그렇게 생각합니다. 공포 소구[21]라고 하는데, 공포와 불안은 사람들의 이목을 끌기 쉽습니다. 행동경제학에서도 '사람은 얻을 수 있는 기쁨보다도, 잃는 데서 오는 고통을 더 강하게 느낀다'라는 이론이 있습니다.

---

[21] 불안과 공포심을 조성해 어떤 현상이나 상품 등에 관심을 유도하는 기법

가령 '마스크가 어디에도 없다'라는 말과 함께 텅텅 빈 약국 선반의 사진이 순식간에 트위터에서 확산되는 현상이 바로 공포 소구의 결과입니다. '이대로라면 마스크를 구하지 못할 수도 있어. 큰일났네' 하는 공포심이 '조금 지나면 생산과 유통이 원활해져서 반드시 마스크를 살 수 있을 거야' 하는 기대보다 훨씬 강하게 작용해 정보가 빠르게 확산되는 것입니다.

치매 환자가 무서웠습니다

앞에서도 말했듯이, 공포심과 불안감, 분노의 감정을 환기하는 바람 같은 접근법은 정보를 빠르고 강하게 전달하는 데는 매우 효과적입니다. '정보가 확실히 전달됐으니 이걸로 된 거 아냐?' 하는 식인데, 저는 점차 그것만으로는 부족하다는 생각을 떨칠 수가 없었습니다.

이유가 무엇일까. 치매 간병 전문가인 와다 유키오 씨가 일하는 현장을 취재할 때까지, 저는 치매에 관한 취재를 해본 적이 없었습니다.

그 이유는 치매가 두려웠기 때문입니다. 치매는 제가 꺼려온 주제였습니다. 그 당시 치매라고 하면 제게 떠오르는 이미지는 '심한 건망증', '배회', '폭력', '폭언' 같은 것이었으니까요. 부정적인 인상뿐이라 가능하다면 외면하고 싶은 주제였지요. 더 솔직히 말하자면 무서웠습니다. 대화가 가능할까, 나를 덮치는 건 아닐까 하는 생각까지 들었습니다. 너무나도 부끄러운 이야기지만, 이게 제가 당시 갖고 있던 치매에 대한 이미지이자 솔직한 심정이었습니다.

와다 씨의 취재는 갑작스럽게 결정된 일이었습니다. 당시에 다른 분야의 전문가를 취재하던 중이었는데 이런저런 이유로 제대로 진척되지 않다가 끝내 로케가 중단되고 말았습니다. 하지만 방송 일정에 차질을 빚지 않으려면 바로 다른 프로그램을 찾아 로케를 해야 합니다. 상사와 동료에게 상의한 끝에 거론된 인물이 치매 간병의 프로페셔널 와다 씨였습니다. 바로 와다 씨에게 연락해서 이틀 후에 만나러 갔는데, 앞서 말한 이유로 저는 솔직히 우울했습니다.

하지만 취재를 하는 동안 제가 가지고 있던 이미지는 완전히 뒤집어져서 〈주문을 틀리는 요리점〉까지 기획하게 되었죠. 여기서 하고 싶은 말은 예전에 제가 치매에 대해 부정적인 이미지를 갖게 된 데는 텔레비전과 신문, 잡지의 영향이 컸다는 점입니다.

지금은 보도 형태나 모습도 꽤 많이 달라졌지만, 10년도 더 전에 치매에 관해 알려진 정보는 온통 치매로 인해 일어나는 갖가지 비극에 관한 뉴스가 전부였습니다.

'격증하는 간병 시설 난민', '간병 시설에서의 학대', '간병에 지친 끝에 살인', '간병 인재의 부족에 반해 폭발적으로 늘어나는 치매 환자들'······.

뉴스에서 그려진 현실과 미래는 너무나 어둡고 무겁기만 했으니까요. 저는 그런 보도를 수차례 접한 까닭에 치매에 관한 뉴스가 흘러나오면 '어차피 늘 그렇고 그런 어두운 얘기들뿐이군' 하고 슬쩍 시선을 돌렸습니다. 중요한 주제라는 건 알았지만 굳이 계속해서 보고 싶지는 않았습니다.

제 마음속에서 '치매'라는 말은 어둡고 무서운 것을 나타내는 '기호'처럼 느껴졌던 것입니다.

바람을 이기는 '해님'식으로 접근하기

사회 이슈를 취재하고 방송 프로그램으로 만들어 전달하는 동안 저는 이 '기호화'에 고민이 많았습니다. 중요한 주제일수록 제대로 전하고 싶은 마음에 무의식중에 빠르고 강한 바람 같은 접근 방법으로 방송을 만들었습니다. 하지만 그렇게 하면 처음에는 전달될지 모르지만, 차츰차츰 무서운 것, 불편한 것, 보기 싫은 것이라는 '기호'로 자리 잡아서 조금이라도 그 주제가 눈에 들어오면 시청자는 눈을 감고 귀를 닫아버리고 맙니다.

바람의 접근 방식은 아직 아무도 그 과제를 알지 못하는 단계에서의 '정보 전달'에는 무척 효과가 크지만, '과제 해결'

을 추구하기는 어렵다는 것을 깨달았습니다.

그럴 때 유용한 방식이 '해님 같은 접근'입니다.

「바람과 해님」에서 해님이 나그네에게 따뜻한 햇살을 계속 비춰 외투를 벗기는 데 성공했듯이, 무심코 '이게 뭐야!' 하고 기획에 다가갈 수 있는 자연스러운 접근 방식, 과제로부터 눈을 돌리지 않게 하고 오히려 시선을 뗄 수 없는 상황을 만들어내는 접근 방식, 어둡고 무거운 사회 과제와는 어울리지 않게 웃으면서 무의식중에 행동에 나서게 되는 해님 같은 접근 방식. 이것이 저의 과거를 돌아본 뒤 중요하게 여기게 된 표현 방식이었습니다.

82세 할아버지의 고민

해님 같은 접근 방식으로서 인상적이었던 프로젝트가 있습니다. NHK 시절에 기획했던 〈덴고짱テンゴちゃん〉이라는 프로그램에서의 일입니다. 〈덴고짱〉은 매월 하나의 주제를 정해 세상에 새로운 관점을 제안하는 실험형 정보 버라이어티 프로그램입니다.

이를테면, 소멸 위기에 처한 세계의 소수 언어를 소멸 위기에 있는 개그맨들이 유행시킬 수 있을지를 실험하는 '살려줘! 소멸 위기 언어'나 아무짝에도 필요 없는 물건을 슈퍼 하이퀄리티 8K 카메라로 아름답게 찍으면 어떨지 시도해 보는 '필요 없는 물건 de 8k' 같은 기획들입니다. 지금까지 터부시되었던 주제에도 깊이 파고들어서 세상을 조금 더 재미있게, 행복하게 하기 위한 아이디어를 구체적으로 표현하는 방송입니다.

싱어송라이터 오카자키 다이이쿠岡崎体育와 남녀 3인조 록밴드 야바이티셔츠야상ヤバイTシャツ屋さん을 MC로 맞이해 약 1년 반 동안 세상의 구석 곳곳에서 일어나는 다양한 주제를 다뤘습니다.

〈덴고짱〉은 기존의 TV 방송에서 주로 사용하던 방법을 탈피해 새로운 미디어 형식에 도전한 프로젝트로, 개인적으로는 미디어가 취하는 '바람 같은 접근'을 어떻게든 바꾸고 싶은 마음에 기획한 프로그램이었습니다. 이 방송의 콘텐츠는 모두 '해님의 접근 방식'을 취했는데 그중에서도 특히 인상에 남아 있는 기획을 두 가지 소개하겠습니다.

우선 첫 번째는 2018년에 방송한 '8.15 무력함에 원통해하는 할아버지와 함께'라는 기획입니다. 이 기획은, 나가사키長崎현에서 전쟁과 원자 폭탄의 비참함을 다음 세대에게 말로 전하는, 당시 82세였던 모리구치 미쓰기森口貢[22]라는 할아

---

[22] 피폭 증언의 기록을 이어가는 시민 단체 '나가사키의 증언 모임'의 사무국장을 지냈으며 2022년 12월 14일 타계했다

버지가 버튜버VTuber[23]로 변신해 젊은이들과 대화로 소통한다는 기획입니다.

이 기획의 발단은 2014년까지 거슬러 올라갑니다. 당시 모리구치 씨가 한 중학교에서 학생들에게 여느 때처럼 자신의 경험을 들려주던 중, 그 자리에 참가한 한 남학생에게 "뒈져버려, 아직도 살아 있냐!"라는 욕을 들었다고 합니다. 그 이야기는 당시 야후 뉴스의 톱 기사를 장식할 정도로 화제가 되었습니다. '이런 심한 욕을 하는 학생이 있다니!', '학교 교육이 어떻게 되어가는 거냐' 하고 비난하는 댓글이 거셌지요. 그러나 모리구치 씨는 뉴스가 보도된 후 그 학생을 질책하기는커녕 그저 "내가 이야기를 제대로 전하지 못했던 게야" 하고 반성했다고 합니다.

게다가 모리구치 씨는 그 경험을 되새기며 젊은이들에게 전쟁의 비참함을 전하려면 어떻게 해야 좋을지, 적절한 전달 방법을 찾느라 시행착오를 겪었습니다. 젊은이들 사이에서는 페이스북이 대세라는 말을 들으면 바로 페이스북 계정을 만들어보기도 하고 말입니다. 그런 에피소드를 알면 알수록 저희 〈덴고짱〉 팀은 모리구치 씨와 함께 뭔가 기획하고

---

[23]　　버추얼 유튜버(Virtual YouTuber). 모니터상에 사람이 아닌 2D 또는3D 캐릭터가 등장해 방송을 진행하는 인터넷 방송인

싶어졌습니다.

그래서 모두 머리를 맞대고 구상하던 중에, 멤버 중 한 사람이 불쑥 "모리구치 씨를 버튜버로 세우면 어떨까……" 하는 기발한 아이디어를 낸 겁니다. 당장 보고 싶다며 모두 야단법석 난리가 났지요.

마침 버튜버가 유행하기 시작하던 무렵이었습니다. 버튜버는 2차원 캐릭터를 이용해 인터넷으로 방송하는 사람을 가리킵니다.

82세 할아버지가 전쟁과 원자 폭탄의 참혹함에 대해 진지하게 전하려고 아무리 애써도, 중학생에게는 자신과 너무 동떨어지는 무거운 주제라서 와닿지 않았을 겁니다. 그러니 모리구치 씨가 중학생에게도 친숙한 '버튜버'로 변신해서 메시지를 전한다면 단번에 자기 일처럼 느끼지 않을까 싶었던 것이지요.

그래서 곧장 나가사키로 날아가 모리구치 씨에게 버튜버가 되어달라고 다소 무리한 부탁을 했는데 다행히도 흔쾌히 수락해 주셨습니다.

이렇게 해서 종전일인 8월 15일 밤에 버튜버로 분한 모리구치 씨가 전쟁과 원폭에 관해 이야기하는 방송 '8.15 무력함에 원통해하는 할아버지와 함께'가 탄생한 것입니다.

NHK는 지금까지 매년 8월 15일이면 〈NHK 스페셜〉을 비롯해 시간을 들여 공들인 취재와, 취재를 통해 파헤친 사실을 토대로 중후하고 볼 만한 프로그램을 내보내곤 했습니다.

젊은이에게 중요한 정보를 전하고 싶어 하는 마음은 모리구치 씨뿐만이 아니라 저희에게도 절실한 문제였습니다. 버튜버라는 표현 자체는 가볍고 즐거웠지만 그 이면에는 모리구치 씨와 NHK의 강한 열망이 들끓고 있었습니다.

전쟁을 주제로 하는 프로그램에서 할아버지가 버튜버가 된다는 건, NHK로서는 그야말로 전대미문이었지요. 표현의 한계를 공략하는 아슬아슬한 도전이었습니다.

#82세버튜버인데질문있어요?

방송 당일. '#82세버튜버인데질문있어요?'라는 해시태그를 통해 트위터에서 질문을 수집한 결과, 생방송 1시간 동안에 무려 1만 5000건의 질문이 모리구치 씨에게 쏟아졌습니다.

'전쟁을 알지 못하는 젊은이가 많다는 사실을 어떻게 생각하세요?', '가장 충격적이었던 일은 무엇인지요?', '전쟁 중에 의지가 되었던 것은 무엇입니까?', '전쟁 게임에 대해서 어떻게 생각하세요?', '당시의 즐거움은 뭐였을까요?'

질문은 끊임없이 들어왔습니다. 과히 혁명적인 커뮤니케이션이었지요.

지금까지 NHK가 메시지를 전하고 싶어도 할 수 없었던 1020 젊은이들이 아주 가볍고 편하게 모리구치 씨와 소통하고 있었습니다. 목소리도 모리구치 씨 것이고 말하는 내용도 이전과 전혀 다르지 않지만, 얼굴과 전달하는 매체를 조금 바꾼 것만으로 젊은이들이 친근감을 느끼고 적극적으로 소통하기 시작한 겁니다. 당연한 일이지만 욕설을 하는 사람은 한 명도 없었습니다. 버튜버라는 '해님' 같은 방식을 취한 덕분에 어린 친구들도 참여하고 싶은 기획이 탄생한 순간이었지요.

LGBTQ와 〈레인보우 후로젝트〉

또 한 가지 〈덴고짱〉의 인상적인 기획을 소개하겠습니다. 2018년에 실행한 〈레인보우 후로젝트〉라는, 책 앞쪽에서 그림으로도 소개한 기획입니다. 이 또한 특이한 제목이지요 (덧붙이자면 이 기획이 NHK에서 제가 작업한 마지막 프로젝트입니다).

이 기획의 개요를 한마디로 설명하면, 'LGBTQ로 불리는 성적소수자들과 함께 온천욕을 하면서 누구나 즐길 수 있는 온천에 관해 생각해 보자'는 프로젝트입니다. 레인보우 후로젝트에서는 '겉모습의 탕', '호적의 탕', '자진 신고의 탕'이라는 주제로 나눈 세 종류의 탕을 순서대로 체험하게 됩니다.

'겉모습의 탕'에서는 온천의 접수 담당 아주머니가 겉모습만으로 "당신은 여탕, 당신은 남탕" 하고 들어갈 곳을 분류해 줍니다. '호적의 탕'은 말 그대로 호적상의 성별에 따라 결정됩니다. 그리고 마지막 '자진 신고의 탕'에서는 자신이 어느 쪽 욕탕으로 들어가고 싶은지를 선택할 수 있습니다.

온천이나 대중목욕탕은 당연하게 남탕과 여탕, 두 갈래로 나뉘지요. 그 상식을 역이용해서 남탕과 여탕 중 어디로 들어갈지 결정하는 기준을 여러 각도에서 설정해서 우리의 성이 얼마나 다양하고 복잡한지를 실감할 수 있는 기회를 마련했습니다.

꽤 아슬아슬한 기획이지요? 과연 이 기획에 함께해 줄 참여자가 있을지 불안했는데, 다양성의 거리로도 유명한 오이타大分현의 벳푸別府시가 이 기획에 흔쾌히 동참해 주었습니다. 시장님도 아주 흔쾌하고 긍정적이었지요.

"어떤 분이든 벳푸의 온천을 마음껏 즐기셨으면 좋겠어요. 그런 계기가 될 수 있다면 기꺼이!" 하고 지지해 주시며 시영 온천을 특별히 빌려주어 계획대로 개최할 수 있었습니다(벳푸시의 적극적인 대응에 크게 감동했습니다).

이 프로젝트의 기획 발안은 성사회·문화사 연구자 미쓰하시 준코三橋順子 씨와 NHK의 〈바리바라バリバラ㉔〉 제작팀에서 해주었고, 저는 총괄 프로듀싱을 맡았습니다.

참가자는 벳푸 온천 여관의 안주인과 행정 관계자, 상점가의 점주, 대학생, 온천을 좋아하는 벳푸 시민들, 더 나아가 프로젝트의 취지에 공감해서 전국에서 모여든 LGBTQ분들이었지요. 전체 40명 중에는 주최 측이면서도 호기심을 억누르지 못한 저도 끼어 있었습니다. 고백하자면 저는 이 기획을 실행하기 전에는 LGBTQ가 정확히 무얼 의미하는지 몰랐습니다.

물론 용어는 알고 있습니다. LGBTQ의 알파벳이 각각 무얼 의미하는지도 대답할 수 있으며, 그런 사람들이 '왼손잡이와 같은 정도의 비율로 존재한다(여러 설이 있음)'는 말도 들은 적이 있습니다. 하지만 정말 부끄럽게도, 제 지식은 그냥 그 정도였습니다. 다시 말해, 이번 주제에서도 진정한 의미는 모르면서 '아는 척하는' 상태였던 것입니다.

우선은 하나의 탕에 몸을 담그고

하지만 그렇게 '완전 문외한'인 저도 어느새 즐겁게 관심을 갖는 계기가 된 기획이 이 〈레인보우 후로젝트〉였습니다. 이 프로젝트의 콘셉트는 '어려운 이론은 제쳐두고 우선은

㉔ 살아가는 데 괴로움을 안고 있는 모든 마이너리티에게 '장벽'을 없애주는, 모두를 위한 '배리어프리 버라이어티barrier-free variety'의 앞 글자를 딴 약자를 일본어 발음으로 한 제목이다

한 욕탕에서'로 정했습니다. 이것은 〈바리바라〉 제작팀의 구보 마사유키久保暢之 연출가(저와 동기)의 제안입니다. 관련 지식을 머릿속에 넣는 것도 중요하지만 여하튼 탕에 들어가고 나서 생각해 보자는 그 프로그램다운 강렬한 메시지였지요.

프로젝트 당일에는 무심결에 웃음이 터지는 일이 시도 때도 없이 일어났습니다. 우선은 '겉모습의 탕'. 온천의 접수 담당 아주머니가 겉모습만으로 "자, 당신은 남탕! 당신은 여탕!" 하고 단 0.5초 만에 분류하는데 '성 인식은 남성, 얼굴도 남성, 몸은 여성'인 이른바 트렌스젠더로 불리는 사람이 단 칼에 '남탕'으로 분류되었지요. 여기서는 아주머니의 지시가 절대적인 기준이기 때문에 그분과 함께 남탕으로 들어갔는데 욕탕에서 나오자 흔들거리는 가슴이 나타났습니다. 처음에는 무척 당황스러웠지만 그분이 욕탕에 몸을 담그면 물 위로 나온 얼굴은 모두 남자 같습니다. 불편한 느낌은 바로 사라지고 대화가 무르익어 온천욕을 즐길 수 있었습니다.

다음으로 '호적의 탕'에서는 상황이 완전히 달라집니다. 제가 들어간 남탕에는 몸은 여성이지만 호적상으로는 남성 그대로인 사람이 몇 명이나 있어서 가슴까지 타월로 감싸고 있었습니다. 눈을 어디에 둬야 할지 몰라 곤혹스러워하는 사람이 많고 대화도 그다지 매끄럽게 이어지지 않았습니다.

마지막으로 '자진 신고의 탕'에서는 각자가 끌리는 욕탕을 선택할 수 있습니다. 그러자 한 남성이 여탕에 들어가고 싶다고 하는 게 아니겠어요? 그가 이유를 말하자 모두 납득했습니다.

"저는 게이라서 남성의 알몸이 없는 곳이 좋을 것 같아서 여탕을 선택했어요. 남탕에 멋진 남자가 있으면 아무래도 긴장하게 되거든요. 제가 남자에게 마음이 설렌다는 걸 초등학교 고학년 때 처음 알게 되었는데 멋있는 동급생의 알몸에 시선을 빼앗기는 제 자신에게 혐오감이 들었어요. 그래서 온천을 마음껏 즐기려면 동성이 없는 쪽이 더 편할 거 같아서요."

그러자 "다녀오시죠" 하고 박수가 터져나왔습니다. 여탕에서는 수다(이번 참가자들 중에서 누가 인기가 많은가)로 분위기가 화기애애했다고 합니다.

또한 자진 신고의 탕에서는 남탕에도 여탕에도 마음이 끌리지 않는다는 사람도 있었습니다. 자신의 성을 남성으로도 여성으로도 한정하지 않는 사람들로 X젠더[25]라고 불립니다. 그렇기 때문에 남탕, 여탕 어느 곳도 편하지 않다고 합니다.

---

[25] X-gender는 자신이 남녀 어느 쪽에도 속하지 않는다고 생각하는 성 정체성을 지닌 사람으로, 이 가운데에도 중성中性, 양성両性, 무성無性, 부정성不定性이 있다

저는 실제로 〈레인보우 후로젝트〉에 참가해 보고 나서
야 성의 다양성에 관해 다시금 생각하게 되었습니다. 이 이
벤트에 참가한 사람들은 각자의 사연이 있으며, 각오를 단단
히 하고 용기 내어 이 자리에 왔다는 것을 알게 되었지요. 당
연하지 않느냐고 할 수도 있겠지만 저는 함께 온천에 들어
가 여러 이야기를 듣는 동안에 눈이 번쩍 뜨였습니다.

즐거움에서 시작되는 일

이러한 체험을 통해 LGBTQ에 문외한이었던 제가 솔직
히 느낀 점을 한마디로 말하자면 '아, 즐거워!'였습니다.

함께 탕에 들어가 몸을 담그면 모두가 다양한 이야기를
시작합니다. 가령 성 인식은 남성이고 몸은 여성인 트랜스젠
더들은 평소 온천에 들어갈 때는 여탕에 들어가지 않을 수
없는데 외형은 100퍼센트 남자여서 매번 사람들이 놀란다
거나, 그래서 탕 입구에 늘어진 막을 젖히고 들어선 순간부
터 옷을 벗고 가슴을 강조해 여자임을 어필한다는 이야기도
하고 말이죠. 그 밖에도 호적에 올라 있는 성별을 바꿀 때는
가정재판소에서 심판을 받아 변경한다는 정보 등 지금까지
몰랐던 이야기를 많이 알게 되었습니다.

우리가 중요하게 여기는 '한솥밥'을 먹는 행위 못지않게
'한 지붕 밑에서 함께 목욕'하는 것은 정말로 굉장한 체험이

었습니다.

평소 같으면 '이런 걸 물어봐도 될까?' 싶어 머뭇거릴 내용도, 아무래도 옷을 벗고 대화하다 보니(물론 목욕 타월을 두르고 있지만) 서로 마음의 벽이 스르르 무너져 가볍게 주고받게 되더군요. 온천탕 안에서는 줄곧 모두의 웃음기 섞인 목소리가 이어졌습니다.

온천욕을 마치고 나서 '누구나 즐길 수 있는 온천과 온천가란 무엇인가' 하는 주제로 워크숍을 진행했습니다(물론 한 손에 커피우유를 들고). 다양한 성을 접한 직후여서인지 논의는 뜨겁게 진행됐고 독특한 아이디어가 쏟아졌습니다.

온천욕과 토론을 합쳐 3시간 반. 무척이나 농밀하고 자극적인 시간이었습니다. 만약 "LGBTQ를 이해하는 것은 매우 중요합니다! 자, 그럼 깊이 생각해 봅시다!" 하고 기염을 토했다면 아마도 이렇게 즐거운 시간을 보내지는 못했을 테지요. '어려운 이론은 제쳐두고, 우선은 함께 욕탕에' 정도의 느긋한 표현이 딱 적당했다고 생각합니다.

〈레인보우 후로젝트〉를 실시한 다음 날에는 신문을 비롯해 텔레비전과 웹 미디어 등에서 기사를 다뤄주었습니다. 〈덴고짱〉 프로그램을 통해 방송을 내보냈더니 순식간에 트위터의 실시간 트렌드에 올랐습니다. 게다가 '전대미문의 온천 이벤트'로 표현한 기사도 게재되는 등, SNS를 중심으로 꽤 화제를 불러일으켰습니다.

'너무 장난스러운 거 아냐?'라는 문제

'8.15 무력함에 원통해하는 할아버지와 함께', 〈레인보우 후로젝트〉, 〈주문을 틀리는 요리점〉 등 해님처럼 접근한 기획에는 '그 주제에 관심이 없었던' 사람들의 마음을 움직일 가능성이 숨어 있습니다. 다만, 이런 프로젝트를 실행하면 반드시 대두되는 문제가 있습니다. '너무 장난스러운 거 아냐?' 하는 문제였지요.

나가사키의 원폭과 전쟁 같이 진지한 이야기를 버튜버로 하다니……. 다양한 성 정체성을 가진 사람들이 함께 온천에 들어가다니……. 치매인 사람들이 홀 서빙을 하고 주문을 잘못 받을지도 모르는 레스토랑이라니…….

모두 '……' 뒤에 나올 말은 "너무 장난스러운 거 아냐?"입니다.

〈주문을 틀리는 요리점〉은 가게명 자체가 진중하지 못하다는 지적을 들은 적이 있습니다. 치매인 사람은 반드시 실수를 저지른다는 인상을 줄 수 있다는 이유에서였지요. "그럼 어떻게 하면 좋을까요?" 하고 묻자 "주문을 '틀릴지도 모르는' 요리점이면 괜찮겠네!"라고 하더군요.

'아니, 그건 보통 요리점도 다 똑같잖아' 하고 생각했지만 저는 상대의 면전에 대고는 그런 말을 하지 못합니다. "진지하지 못하다든가 그런 소릴 하니까 널리 알리질 못하는 거라고!" 하고 주장할 수 있는 강철 멘탈은 제게 없기 때문에 그 문제를 심각하게 고민해 왔습니다.

'토대 만들기'를 게을리하지 않는다

이 문제를 해결하기 위해 저는 두 가지를 중요하게 여깁니다. 우선 첫 번째는 '토대 만들기'를 절대로 게을리하지 않습니다. 기획의 주제에 대해 철저하게 조사하고, 프로젝트를 진행하는 팀 편성에 주의를 기울여 토대를 튼튼하게 다집니다.

제게는 주제에 대한 전문적인 지식이 없기 때문에 부족한 지식을 메우려는 노력이 필요합니다. 혼자 힘으로 메울 수 없다면 그 분야의 전문가를 팀원으로 끌어들입니다.

집을 지을 때도 토대가 되는 기초를 튼튼하게 쌓지 않으면 아무리 훌륭한 설계라도 좋은 집을 지을 수가 없는 것처럼, 기획도 마찬가지입니다. 그 업계의 구조나 과제에 관해 확실히 이해해 두지 않으면 그저 재미있기만 할 뿐, '그래서 뭘 하고 싶었던 거지?' 하는 의문을 남기거나 핵심을 벗어나기도 하고 절대로 해서는 안 되는 말을 해서 비난을 받기도 합니다.

〈주문을 틀리는 요리점〉에는 치매 간병 분야의 전문가인 와다 유키오 씨, 〈레인보우 후로젝트〉에는 연구자 미쓰하시 준코 씨와 〈바리바라〉의 연출가라는, '요석이 되는' 인물이 있었습니다. 각 업계에서 경의를 표할 만한 분들이 함께했기에 비난받을 여지가 있는 말이나 행동을 사전에 골라내 주어서 팀 내에서 확실한 기준을 마련할 수 있었습니다.

'요석'이란 지진이 일어나지 않게 하려고 땅속에 사는 메기[26]를 진압하기 위한 돌입니다. 이와 마찬가지로 프로젝트 내에서 와다 씨와 같은 요석은 비난이 들끓지 않도록 사전에 리스크를 확인하는 역할을 하는 중요한 존재입니다.

그와 동시에 팀 내에 비난에 대한 기준을 마련한다는 것은 '여기까지는 공격해도 괜찮다'라는 아슬아슬한 한계선을 확인할 수 있다는 뜻이기도 합니다. 그러면 팀은 안심하고 마음껏 다양한 표현을 시도할 수 있습니다.

현실 속에서 빛나는 이상을 붙잡는다

'그 표현, 너무 장난스러운 거 아냐?' 문제를 해결하기 위해 중요한 신념, 그 두 번째는 '현실 속에 있는 이상을 붙잡는' 것입니다.

---

[26] 메기가 날뛰면 지진이 일어난다는 설이 있다

저는 절대 재미만으로는 기획하지 않습니다. 분명히 책상에 앉아 생각하다 보면 여러 가지 '이상적인 그림'이 떠오릅니다. '이렇게 할 수 있다면 재미있을 텐데', '이런 광경이 나타나면 분명 모두 놀라겠지' 하고 말입니다. 망상하는 것은 좋지만 제 경우, 그 망상에 깊이 빠지다가는 대개 미끄러지고 맙니다.

네덜란드의 화가 고흐가 '아름다운 경치를 찾지 마라. 경치 속에서 아름다운 것을 발견하라'고 말했다는데, 너무나 이해되는 말입니다(고흐 팬들에게 우습게 보지 말라고 야단맞을 것 같습니다만).

'치매를 앓고 있는 사람들과의 공생'이라든가 '전쟁 체험의 계승' 같은 표현이 옳은 말이고 그것을 실현할 수 있다면 그야말로 가장 이상적이지요. 그러나 언어에는 실제의 모습이 없지 않습니까? 바로 고흐가 말한 '아름다운 경치'는 어디에도 없는 것이지요. 우리 눈앞에 있는 것은 어디까지나 현실입니다.

현실은 대개 재미도 없고 엄격하며, 때로는 외면하고 싶어집니다. 하지만 잘 들여다보면 그 현실 속에서 반짝 빛나는 이상적인 풍경을 찾을 수 있습니다. 앞서 언급한 '원풍경'을 떠올리면 이해하기 쉽습니다.

〈주문을 틀리는 요리점〉을 예로 들면, '주문한 햄버그스테이크가 만두로 잘못 나와도 아주 맛있게 만두를 먹는 할아버지, 할머니'라는 풍경이지요.

〈딜리트 C〉에서는 'Cancer라는 단어가 지워진 한 장의 명함'.

"'8.15 무력함에 원통해하는 할아버지와 함께'로 말하자면, '모리구치 씨가 젊은이에게 전하고 싶은 간절한 마음으로 시작한 페이스북' 등입니다.

따라서 아무리 장난스럽다는 말을 들어도, 실제로 보고 정말로 제 마음이 움직인 '현실 속 이상적인 풍경'이 있었기에 끝까지 시도할 수 있었습니다.

기획의 베이스가 되는 원작이 확실히 존재하는 덕분에 제 내면에서는 거짓이나 무리 없이 자신 있는 표현으로 이어질 수 있는 것입니다.

'진지하지 못하다'는 말은 특히 사회적 이슈를 다룰 때 자주 듣습니다. 이 말을 들으면 누군가를 상처 입히는 게 아닐까 싶어 움츠러들 때도 있습니다. 하지만 어디에나 볼 수 있는 흔하고 무난한 표현으로는 아무에게도 아무것도 전해지지 않으니까요.

그래서 저는 계속해서 핵심을 찌르는 임팩트 강한 표현을 찾고 싶습니다.

4장

실현

기획의 실현은
'동료'가 90퍼센트 결정한다

기획을 하고 표현도 갖췄습니다. 하지만 이제 겨우 출발 지점에 설 준비가 되었을 뿐입니다. 저는 '기획력'보다 '착지력'을 중요하게 여깁니다. 아무리 근사한 기획도 착지, 즉 실현하지 못하면 이 세상에 존재하지 않는 것과 다름없으니까요. 여러분이 스스로 굉장하다고 생각한 기획도 실은 무수한 사람이 이미 거쳐갔을 겁니다.

종종 "나도 그거 생각했는데" 하고 말하는 사람이 있지요?

그런데 말이죠, 도쿄 스카이트리TOKYO SKYTREE를 만든 사람들 앞에서 "아주 높은 전파탑을 만들면 정말로 좋을 것 같아"라는 말을 할 수 있을까요?

또는 「신세기 에반게리온」을 제작한 안노 히데아키庵野秀明 감독 앞에서 "수수께끼의 외계인이 차례로 찾아와 10대 소년, 소녀가 맞서는 이야기는 반드시 먹힌다니까요" 하고 말할 수 있을까요?

'나도 같은 생각을 했다'는 말은 정말 우스꽝스러운 이야기일 뿐입니다. 만에 하나, 스카이트리 팀이나 안노 감독과 같이 정밀하게 기획했다고 해도 100퍼센트 실현할 수는 없을 겁니다. 실현하는 것이 얼마나 어려운 일인지를 전혀 이해하지 못하고 있으니까요. 만약 이해했다면 '저도 똑같은 생각을 했어요' 같은 말은 절대로 하지 못할 겁니다. 기획을 어떠한 형태로 탄생시키기는 그만큼 어려운 일입니다.

조금 흥분했습니다만, 이 장에서는 실현에 관해서 이야기하려고 합니다. 제가 실현 단계에서 중요하게 여기는 포인트는 이렇습니다.

☺ 동료 선택은 '에피소드'로, '설득'은 금물
☺ 거절과 반대는 기회다

그럼 이번에도 하나씩 살펴보도록 하시죠.

동료 선택은
'에피소드'로,
'설득'은 금물

'더없이 소중한 보배'인 동료들

기획을 실현하는 데에 가장 중요한 것은 '동료를 어떻게 고를까', '어떻게 모을까' 하는 점입니다. 여러 가지 이야기를 할 수도 있겠지만 사실 동료가 거의 전부입니다. 좋은 동료가 갖춰지면 기획은 99퍼센트 정도 실현할 수 있습니다.

기획까지는 혼자서도 할 수 있습니다. 하지만 기획을 실현하는 일은 혼자서는 좀처럼 하기 어렵지요. 물론 불가능하지는 않겠지만, 그렇게 할 수 있는 사람은 레오나르도 다빈치^{Leonardo da Vinci}나 프로야구 오타니 쇼헤이^{大谷翔平} 선수 같이 재능이 많은 소수의 사람들이지, 대부분은 혼자서 해내기 어렵습니다. 아무리 좋은 기획이라도 혼자서 해내기에는 한계가 있기 마련입니다.

일본 영화계의 거장으로 불리는 구로사와 아키라^{黒澤明} 감독이 『구로사와 아키라 전작품집^{黒澤明全作品集}』에서 불후의 명작 「7인의 사무라이」에 관해 이런 말을 남겼습니다.

이 영화 제작은 힘들기는 했지만 모두 각자의 역할을 잘해주었습니다. 저와 늘 함께 일해주는 스태프들 모두 정말로 더없이 소중한 보배라고 할 만한 분들이에요. 평론에서 거론되는 각본, 촬영, 음악뿐만이 아닙니다. 비평에 노출되지 않는 부문의 담당자들은 말이죠, 제가 아무 말 하지 않아도 제가 생각하는 대로 확실하게 일을 해줍니다. 그분들이 있기에 비로소 제 작품이 탄생하는 것이지요.

'더없이 소중한 보배'라고 말할 수 있는 동료라니 대단하지 않나요? 세계적인 명성을 지닌 구로사와 감독과 똑같은 말을 하기는 송구하지만, 그래도 도쿄에 거주하는 저 오구니시로도 제 기획에 함께해 주는 동료들을 '더없이 소중한 보배'라고 여기고 있습니다. 진심으로 존경하고 함께 일한다는 것이 자랑스럽습니다.

〈주문을 틀리는 요리점〉을 예로 들면, 이분들입니다.

☺ 와다 유키오 — 치매 간병의 전문가로 엄청 좋은 사람
☺ 지카야마 사토시近山知史·도쿠노 유키德野祐樹 — 세계적인 광고상을 다수 수상한 실력 좋은 크리에이터들로

엄청 좋은 사람들

☺ 오카다 사토시岡田聡 ― 야후 재팬의 전 미디어사업
편집책임자로 대단한 분인데 겸손한 데다가 엄청
좋은 사람

☺ 메라 하루카米良はるか ― 일본 최초의 최대급 크라우드
펀딩 사이트 레디포READYFOR의 CEO이며 일본인
사상 최연소로 다보스 포럼㉗에 참가했으며, 잘은
모르지만 엄청 좋은 사람

☺ 최고의 외식 기업 여러분 ― 메종카이저MAISON KAYSER,
요시노야吉野家, 신쿄테이新橋亭, 잇푸도一風堂,
그릴만텐보시グリル満天星, 도라야虎屋, 카페 컴퍼니
CAFE COMPANY Inc., 산토리 등 일본 최고 브랜드의 CEO와
수완이 뛰어난 마케터들을 중심으로, 큰 은혜를
베풀어준 분들이며 엄청 좋은 분들

그 밖에도 많은 팀원이 있는데 모두 각자 자신의 업계에
서 대단한 수준으로 정평이 난 전문가들뿐이었습니다.

㉗ 1971년에 창설되어 저명한 기업인, 학자, 정치가, 저널리스트 등이 모여 세계
경제에 대해 논의하고 연구하는 국제 민간 회의

〈주문을 틀리는 요리점〉 동료들

내가 할 수 없는 일을 꼽아본다

제가 이렇게 멋진 동료들을 어떻게 선택하고 어떻게 모았는지 궁금할 겁니다.

"원래 알던 사람들 아냐? 방송국 사람들은 인맥도 넓을 테고" 하는 말을 종종 듣는데, 결코 그렇지 않습니다.

〈주문을 틀리는 요리점〉을 함께 만든 사람 중에서 원래부터 잘 알던 사이는 취재에 응해준 와다 씨뿐이었습니다. 그 밖에 다른 사람들은 전에 만난 적이 있다 해도 고작 한 번정도, 대부분이 초면이었지요. 종종 오해를 받는데, 저는 기본적으로 낯가림이 심해 사람들과 어울리는 데 무지하게 서툽니다.

NHK 시절에도 취재를 요청하려면 전화를 걸어야 하는데 그게 너무나도 싫어서 전화기 앞에서 30분 동안 가만히 있던 적이 한두 번이 아니었으니까요. 하지만 일이니까 애써 비즈니스 모드로 전환하고는 에잇, 모르겠다 하는 심정으로 전화를 걸어야 했죠.

그런 성격인 탓에 친목회나 스터디, 명함 교환을 위한 자리에도 거의 참석한 적이 없었습니다. 그런 제가 〈주문을 틀리는 요리점〉 때는 열심이었습니다. 제 머릿속에 하고 싶은 일이 굉장히 뚜렷하게 그려졌으니까요. 이걸 어떻게든 실현하고 싶은, 욕구가 말로 표현할 수 없을 정도로 강하게 일었습니다.

그래서 처음으로 한 작업은 '내가 할 수 없는 일'을 꼽아보는 일이었습니다. 「루팡 3세」나 「원피스」 같은 애니메이션을 봐도 팀 편성에서 중요한 사항은 '전문 분야가 겹치지 않는' 것입니다.

그래서 제가 할 수 없는 일의 목록을 만들어보니 다음과 같았지요.

☺ 치매 간병 지식과 기술

☺ 요리와 레스토랑 운영

☺ 디자인

☺ 홍보

☺ 돈

쓰다 보니 제가 할 줄 아는 게 거의 없다는 것을 알게 되었습니다. 괜찮습니다. 제가 할 수 없다면 그 일을 잘하는 사람을 모으면 되니까요.

'에피소드'를 떠올린다

다음으로 제가 한 일은 '에피소드 검색'입니다. 앞서 언급한 대로, 저는 많은 사람과 만나는 걸 좋아하지 않습니다. 그래서인지 모르겠지만 한 번 만난 사람을 '에피소드'와 함께 기억해 두려 합니다. 상대의 회사나 직함도 중요하지만 그 이상으로 상대방이 들려준 '에피소드'가 굉장히 중요하다고 생각합니다.

단 하나의 에피소드에도 그 사람이 소중히 여기는 가치관이나 재미있어하는 포인트가 잘 드러나니까요. 저는 5분이든 10분이든 상대와 이야기를 하면 그때 들은 에피소드를 머릿속 한구석에 넣어둡니다.

그리고 함께 일할 동료를 찾을 때 프로젝트와 잘 부합하는 에피소드들을 찾아서 '이런 에피소드를 알려준 이 사람이라면 동참해 줄지도 모르겠는걸!' 하며, 제안하고 싶은 상대의 이름을 적는 겁니다.

가령 지카야마 사토시 씨와는 한 번밖에 얘기를 나눠본적이 없었습니다. NHK 방송국 내 연수 강사로 온 지카야마 씨와 명함을 주고받은 게 첫 만남이었지요. 하지만 그때는 쭈뼛쭈뼛하다가 아무 말도 하지 못했습니다.

한참이 지나고 NHK 연수센터 관계자가 "지카야마 씨를 만나러 갈 건데 함께 가시겠어요?"라고 권하기에 얼떨결에 따라 나섰습니다.

하지만 가길 정말 잘했습니다. 지카야마 씨가 들려준 에피소드가 너무도 근사하지 뭡니까? 휠체어 제품의 프로모션에 대한 이야기였는데, 열의를 다해 주었지요. 프로모션 영상을 만들 때는 다큐멘터리 방식으로 촬영하기를 고집했다거나 그 휠체어를 처음 사용한 고객의 표정이 뭐라 형용하기 어려울 정도로 근사했다고 말하는 그분의 표정이 무척 환했습니다.

광고의 역할은 상품과 서비스의 매력을 확실하게 전하는 일이기에 다큐멘터리 방식으로 촬영하는 데에는 리스크도 있었을 것입니다. 그럼에도 그 방식을 선택한 건 정말로 그 휠체어에 마음을 빼앗겼고 제품의 힘을 믿었기 때문이라고 생각합니다.

또한 그가 소중하게 여기는 가치관은 매출 같은 데 있지 않다는 느낌이 들었지요. 그날은 그런 대화로 마무리되었고, 제 머릿속의 기억 서랍에 근사한 에피소드로 넣어두었습니다.

그리고 〈주문을 틀리는 요리점〉을 진척시킬 때 디자인과 커뮤니케이션 전략을 구상할 적임자로 누가 좋을까, 하고 궁리하다가 퍼뜩 떠오른 것이 지카야마 씨의 에피소드였습니다. 그 휠체어에 관한 에피소드가 참 인상적이었고, 일하는 능력이 어마어마하게 뛰어날 것 같은 데다 굉장히 자상해 보였거든요.

지카야마 씨는 제가 왜 만나고 싶었는지 이유도 말하지 않고 그저 이야기를 들어달라고만 했는데도 시간을 내어주었습니다. 제가 "〈주문을 틀리는 요리점〉이란 걸 기획하고 싶습니다만……" 하고 설명한 후에 그가 "지금 그 이야기를 들으니 떠오른 게 있습니다" 하며 들려준 에피소드 또한 무척 좋았습니다.

제가 자주 가는 패스트푸드점이 있는데 말이죠, 그 가게는 노년층을 적극적으로 고용하고 있어요. 그리고 그 노인분들이 손님을 정말 따뜻하고 온화하게 대해주어서 좋은 평판을 얻고 있습니다. 그런데 어느 날, 제가 주문한 음식과 조금 다른 메뉴가 나온 거예요. 할아버지 점원이 실수한 거죠. 저는 무심코 "이거 잘못 나왔는데요" 하고 말하고는 다시 바꿔서 받았는데, 이 일이 지금도 후회가 되는 겁니다. 지금 오구니 씨가 설명한 〈주문을 틀리는 요리점〉 이야기를 들으니 이때 생각이 나는군요.

이 에피소드를 듣고, 우리는 바로 굳게 악수를 나눴습니다. 그와 제대로 대화를 나눈 건 이날이 두 번째였습니다. 하지만 휠체어와 패스트푸드점의 에피소드를 통해 지카야마 씨의 인품과 가치관을 느낀 저는 오래전부터 알던 동지와 드디어 함께하게 되었다고 느꼈지요. 이런 분과 함께라면 반드시 잘 해낼 수 있을 거라고, 그런 확신이 마음을 꽉 채웠습니다.

그 밖에 함께한 다른 멤버들에게도 근사한 에피소드가 있습니다. 〈주문을 틀리는 요리점〉에서 만들고 싶은 세계와 각 사람이 들려준 에피소드를 맞춰보고 한 사람씩 찾아가 이야기를 나눕니다. 그러면 제 짐작이나 기대와 너무도 딱 들어맞습니다.

결과적으로 제가 할 수 없는 일을 할 수 있는 탁월한 기술을 지닌 전문가들이 그들의 뜨거운 열정으로 기획에 생명을 불어넣습니다.

소속과 직함보다 중요한 것

회사명이나 직함도 물론 중요한 요소입니다. 하지만 저는 함께할 동료를 고를 때 그 사람이 가진 에피소드와 프로젝트를 비교해 검토하면서 프로젝트에 가장 어울리는 사람을 찾아내는 작업을 더욱 중요시합니다. 결국 일이란 조직이 아니라 개인과 하는 것이라 생각하기 때문이지요. 회사명이나 직함은 그 사람을 구성하는 요소이기는 하지만, 그 사람의 전부는 아닙니다. '그 사람 자체'를 나타내는 건 직함보다 에피소드라고 믿습니다. 더 나아가, 아무리 수완이 좋은 사람이 모였다고 해도 마음이 맞지 않으면 절대로 일을 해낼수 없으니까요.

밴드 활동에서 월등히 뛰어난 테크닉을 구사하는 기타리스트와 베이시스트, 보컬리스트가 모여도 소위 음악성의 차이로 끝내 해산하는 경우가 있는 것처럼요. 제가 에피소드를 굉장히 중요하게 여기는 까닭은 그 에피소드가 '마음이 맞는' 동료를 찾아내는 데 무척 효과적이기 때문입니다.

『좋은 기업을 넘어 위대한 기업으로』라는 책에 '무엇을 하느냐보다 누구와 같은 버스에 타느냐가 더 중요하다'라는 말이 나옵니다. 〈주문을 틀리는 요리점〉에서 동료를 선택하는 이미지가 바로 이 문장에 가까웠지요. 조금 길긴 하지만 인용해 보겠습니다.

첫째, '무엇을 해야 하는가'가 아니라 '누구를 선택하느냐'부터 시작하면 환경의 변화에 적응하기 수월해진다. 사람들이 버스에 탄 이유가 목적지가 마음에 들어서라면 10킬로미터 정도 가다가 행선지를 바꿔야 할 때 어떻게 될까. 당연히 문제가 발생한다. 하지만 사람들이 동승자가 마음에 들어서 버스에 탔다면 행선지를 바꾸기는 훨씬 쉽다. '이 버스에 탄 것은 멋진 사람들이 탔기 때문이다. 행선지를 바꾸는 것이 더 좋다면 그렇게 하자'.

둘째로 적당한 사람들이 버스에 탔다면 동기를 부여하는 문제나 관리에 관한 문제가 거의 없어진다. 적당한 인재라면 엄격하게 관리할 필요가 없으며 의욕을 이끌어내려고 애쓸 필요도 없다. 최고의 실적을 창출할 수 있을 것이며 모두 위대한 결과물을 구축하는 움직임에 참여하려는 의욕을 갖고 있다.

셋째, 부적합한 사람들만 있다면 올바른 방향을 알고 올바른 방침이 마련되어 있어도 위대한 기업이 될 수 없다. 위대한 인재가 갖춰져 있지 않으면 위대한 비전이 있어도 아무 의미가 없다.

　　　　　　　　　　　　　　　- 짐 콜린스, 『좋은 기업을 넘어 위대한 기업으로』

지금 당장 이 책을 읽고 싶은 충동이 일 정도로 좋은 내용이지요. 제가 이 장의 서두에서 '함께 일할 동료를 잘 골라 모으면 실현은 99퍼센트 성공한다'고 말한 것은 바로 이러한 연유에서입니다.

동료를 모을 때 '설득'은 금물!

이번에는 선택한 동료를 '모으는 방법'에 관해 이야기하겠습니다. 함께 일하고 싶은 사람을 추렸다고 해도 그 사람이 정말로 동료가 되어 줄지는 내가 결정할 수 없는 영역이지요. 상대가 제안을 수락해야 비로소 동료가 되니까요. 그렇다면 어떻게 해야 긍정적인 답을 얻을 수 있을까요?

저는 동료를 모을 때 절대로 '설득'하지 않습니다. 특히 전례 없는 기획일수록 설득은 하지 않습니다. 새로운 일은 대개 이론과는 맞지 않기 때문인데요. 그래서 아무리 열심히, 논리정연하게 설득해도 승낙을 받기는 어렵습니다.

〈딜리트 C〉 프로젝트를 예로 들면 기획하는 측에서는 가능한 많은 기업이 동참해 주기를 원합니다. 기업들이 동료가 되어 C를 지워주지 않으면 이 프로젝트는 실현될 수가 없으니까요.

저희가 기업 담당자에게 프로젝트를 설명하는 자리에서 "귀사의 소중한 제품에 붙은 'C'를 지워주시면 좋겠습니다!" 하고 말하면, 기업에서는 먼저 "네? 왜요……?" 하고 의아해할 겁니다. "그건 암을 치료할 수 있는 병으로 만들자는 취지의 프로젝트인데 C를 지운 제품을 판매해서……어쩌구저쩌구"라고 설명해도 "그렇지만 저희 회사는 암과 관계도 없고요……"라는 대답이 돌아옵니다. 프로젝트를 시작한 지 얼마

안 되었을 때는 90퍼센트가 이런 반응이었습니다.

하지만 그럴 때 저는 절대 설득하지 않았습니다. "부디 꼭!" 하는 부탁도 하지 않았지요. 그럴 수밖에 없는 게, 상대의 입장이 되어 보면 제 말이 이치에 맞지 않으니까요. 설사 그 자리에서 제 열의가 통해서 설득당했다고 해도 회사로 돌아가 자신의 책상에 앉을 때쯤이면 다시 제정신으로 돌아올 테니까요.

'암을 고칠 수 있는 병으로 만드는 건 좋은 일이지. 하지만 우리 소중한 제품에서 글자를 지우다니…… 회사에 어떻게 설명하면 좋지?!' 하고 주저하게 될 테지요. 저라도 틀림없이 그럴 겁니다.

그렇다면 처음부터 설득은 하지 않는 게 좋다고 판단한 것입니다. 그럼 어떻게 하면 좋을까요? 저는 제안에 무조건 반사로 "그거 좋네요!" 하고 반응하는 사람들하고만 함께 일합니다.

〈딜리트 C〉에 참가한 이유는 '분위기'

"산토리의 음료 C.C.레몬에서 C를 지우게 하다니, 굉장히 어려운 일이었겠죠?" 하는 질문을 자주 듣습니다만 전혀 그렇지 않았습니다. 실현되기까지의 경위는 대략 이런 느낌이었어요.

〈주문을 틀리는 요리점〉에서 함께 한 산토리의 오키나카 나오토神中直人 씨가 마침 상무로 승진했을 즈음에 저는 승진 축하 겸 식사 자리를 마련했습니다. 그리고 점심을 먹다가 "승진 축하드립니다! 그런데 지금 〈딜리트 C〉라는 새로운 프로젝트를 구상하고 있는데요, 귀사의 C.C.레몬 로고에서 C를 지워주셨으면 하는데……" 하고 말했더니 "그거 재미있겠는데요" 하고 싱긋 웃으며 바로 담당자에게 전화를 걸더군요. 그로부터 일주일 후에는 로고에서 C를 지우기로 결정되었습니다. 이렇게 무엇 하나 걸리는 것 없이 진행되었습니다.

모든 담당자의 코멘트도 매우 명쾌했습니다. 한 뉴스 인터뷰에서 "어떤 이유로 〈딜리트 C〉에 참여하려고 결심하셨나요?" 하는 질문을 받자 "분위기를 탄 것이지요" 하고 대답하더군요(산토리의 '한번 해봐!'는 정말이었습니다[28]).

이처럼 무조건반사로 반응해 주는 사람은, 그 수가 많지는 않지만 꼭 있습니다. 그리고 이런 사람이 한 명이라도 있으면 기획은 척척 진행되지요.

이론과 고정관념을 넘어서 "이거 재미있는데!" 하고 무

---

[28] '해 봐라'는 산토리의 창업자 도리이 신지로鳥井信治郎가 사원들에게 '어떤 일이든 자유롭게 도전해 보라'고 강조한 정신이다

심코 반응한 사람(저는 그런 사람을 '멋있는 무심코 씨'라고 부릅니다)은 함께 그 세계를 만들어보고 싶다는 열망이 있어 사내기획이 통과되도록 중간에서 잘 소통해 주기도, 많은 사람을 끌어들이기도 합니다. 정식으로 사내 결재를 통과하기 어렵다는 것을 잘 알고 있기에 사내에서 납득하기 쉬운 논리를 내세워 갖가지 방법을 동원해 어떻게든 실현하려고 힘써줍니다. 이렇게 마음 든든한 동료는 또 없습니다.

그렇게 한 가지 사례가 생기면 그 사례를 보고 또 새로운 동료가 나타납니다. '멋있는 무심코 씨'가 연쇄적으로 등장해 나중에 세어보니 100개 사 이상의 동료가 생겼더군요.

그저 즐겁게 춤추는 사람

만약 제가 열심히 설득하거나 간절히 부탁했다면 아마도 이렇게 많은 회사가 동참하지 않았을 거라는 생각이 듭니다.

미국의 기업가 데릭 시버스Derek Sivers의 '사회 운동은 어떻게 일으키는가How to start a movement?'라는 유명한 테드TED 강연이 있습니다.

공원에서 느닷없이 웃통을 벗은 남자가 춤을 추기 시작합니다. 처음에는 모두 의아한 눈초리로 쳐다보는데 차츰 한 사람, 또 한 사람씩 따라 추기 시작하는 겁니다. 그리고 어느새 가만히 있는 사람이 오히려 이상해 보일 정도로 엄청나게 많은 사람이 춤을 추고 있더라는 이야기입니다.

이 이야기의 주제는 처음으로 동조한 사람에 의해 사회 운동이 시작된다는 데 있지만, 제 관심을 끈 부분은 다른 데 있습니다. 처음 웃통을 벗어젖히고 춤을 춘 남자는 결코 아무에게도 설득도 부탁도 하지 않았다는 점입니다. 그저 즐겁게 춤을 췄을 뿐이지요.

저의 동료 모으기도 이와 비슷합니다. 저는 오로지 즐기고 있습니다. 아직 어떤 형태도 없을 때 옆에서 저를 보면 알몸으로 춤추고 있는 이상한 남자나 다름없을지도 모릅니다. 하지만 저는 즐겁습니다. 뛰어난(적어도 저는 진심으로 그렇다고 믿고 있어요) 기획안을 갖고 있거든요. 그걸 함께 실현해나가면 얼마나 근사할까, 하고 생각하는 상대를 찾아가 이야기를 나눕니다. 대개는 함께 춤춰주지 않지만, 왠지 어느 시점을 기해 한 사람, 또 한 사람 함께 춤춰주는 사람이 나타납니다.

저는 멋진 동료를 모을 때 설득도 부탁도 하지 않습니다. 다만 "함께 신나게 춤추지 않으시겠어요?" 하고 계속 말을 건넬 뿐이지요.

실현 2

거절과 반대는 기회다

반대에 부딪힌 일만 한다

"새로운 일을 벌이려고 하면 사내에서 반대에 부딪히지 않나요?" 하는 질문도 자주 듣습니다. 좋은 기획인데 사내에서 반대가 심해 착수할 수 없다, 더욱이 새로운 기획일수록 반대 압력은 거세진다……

질문에 대답하자면, "그거야 당연하지 않겠어요? 대부분 반대라고 보시면 됩니다. 눈물 날 만큼 계속 외면당하고 있거든요"입니다.

하지만 당연합니다. 새로운 일이란 과거의 경험을 토대로 예측하기가 불가능하니까요. 논리를 갖춘다 해도 아무도 성공 여부는 알 수가 없습니다. 따라서 기본적으로 새로운 기획에는 반대가 따릅니다.

'방송 프로그램을 만들지 않는 연출가'를 자처하며 활동하던 시기에는 특히 하는 일마다 NHK로서는 처음 있는 일뿐이었기 때문에 늘 반대에 부딪히는 상태였습니다.

　그러면 이때 어떤 생각을 했을까요?

　되려 '안 돼!' 하고 거부당할 일만 하자고 마음먹었습니다. 당시 NHK가 안고 있던 U59문제(59세 이하에게 정보를 전하고 싶은데 전해지지 않는 문제)를 두고 당연하게 떠오르는, 그런 기획으로는 어림도 없었습니다.

　NHK에 조금도 관심을 보이지 않는 사람에게까지 NHK의 존재와 가치를 알리고 싶은데, 그러려면 텔레비전 프로그램에 집착하는 방법으로는 어렵고, 앱이라든지 SNS나 이벤트, 뭐든 좋으니 온갖 수단을 조사해 볼 수밖에 없다고 생각했습니다.

　회사에서 쉽게 통과되는 기획은 회사의 상식 범위 내에 있는 것이 많고, 지금까지도 비슷한 기획물이 수없이 만들어져 왔습니다. 제가 새롭다고 생각하는 기획도 실은 조금 개선한 정도에 지나지 않을 뿐이고요. 그런 기획을 거듭해 오면서 여전히 상황을 개선하지 못했기 때문에 지금의 과제가 남겨진 것입니다. 그렇다면 과제를 해결하고 구태의연한 구성과 내용을 깨뜨리는 가장 빠른 방법은 회사에서 반대하는 기획을 과감히 실현하는 일이 아닐까 하고 역으로 생각한 것이지요.

　물론 2장 '기획'과 3장 '표현'에서 설명한 요소는 확실히 갖춰야 합니다. 하지만 제대로 중요한 요소와 과정을 확실히 짚은 뒤에도 '안 돼!' 하는 말을 듣는다면 그것은 '해봐!'라는 의미가 아닐까 싶습니다.

성공을 경험해 온 세대의 반대는 특히 중요하다

특히 방송 프로그램에서 성공을 거듭해 온 세대가 '안 돼!' 하고 반대하는 경우를 저는 매우 중요하게 여깁니다. 과거에 겪은 성공 경험에서 빠져나오기는 정말 어렵습니다. 다행인지 불행인지 저는 텔레비전 프로그램으로 성공한 경험이 없습니다. 시청률 20퍼센트나 30퍼센트를 찍은 작품도 없을 뿐더러 오히려 '텔레비전 콘텐츠는 이제 한물갔지' 하는 말을 듣기 시작한 시기에 업계에 발을 들여놓았으니까요.

그렇기에 더욱더 '텔레비전 방송은 정보를 전달하는 하나의 수단'이라고 여깁니다. 그러나 과거에 텔레비전이라는 매체에서 성공을 거듭해 온 윗세대는 인터넷이나 SNS의 파괴적인 위력을 머리로는 알면서도 결국 마지막에는 자신이 경험한 압도적인 성공 모델인 텔레비전 방송에 집착하는 경향이 강하다는 걸 피부로 느낍니다.

그게 좋고 나쁘고를 떠나서 저는 혁신이란 선인들을 '전적으로 전부 부정'하는 데서 시작된다고 생각합니다. 애플이 1984년에 발표한 개인용 컴퓨터 매킨토시Macintosh는 개발 초기에 '이런 건 컴퓨터라고 할 수 없어!' 하고 외면당했으니까요. 투수와 타자 양쪽으로 활약하는 오타니 쇼헤이 선수는 "한 가지에만 집중해!" 하고 저지당했다고 합니다. 소설가 무라카미 하루키村上春樹 씨도 마찬가지로 "이런 게 무슨 소설이냐!" 하고 완전히 외면당했고, 프랑스 미술가 마르셀 뒤샹 Marcel Duchamp의 작품「샘」또한 "이건 예술이 아니야!" 하고 부정당한 일이 있습니다. 이렇게 수많은 사례가 증명하고 있습니다.

혁신을 일으키고 싶다면 선배(특히 같은 회사나 업계에서 성공해 온 분들)이 한 목소리로 부정할 때 기뻐해야 할 상황이라고 인식합시다. 오히려 반대를 당하고 나서부터가 기획의 시작이라고 여기면 어떨까요?

반대는 '언어화'로 극복한다

그렇다고 해도 사내 혹은 업계 사람들에게 전면 부정당하면 상당히 괴롭겠지요. 그 상황을 어떻게 돌파할 수 있을까요. 저는 상대가 언어화할 수 있게 애씁니다.

어떤 부분이 안 된다는 것인지, 이유가 어디에 있는지를 하나하나 말해달라고 합니다. 예산 문제인지, 실현 가능성 때문인지, 사람들이 보았을 때의 체면인지, 사내에서 조율하기가 힘들어서인지, 아니면 애당초 기획을 이해할 수 없는 건지, 재미가 없어서인지 등등. 뭐든지 좋으니 우선 반대하는 이유를 구체적으로 말해달라고 하는 겁니다.

그렇게 직접 이야기를 들을 수 있다면 들은 내용을 하나씩 해결해 가면 되고, 해결한 뒤엔 다시 그 사람에게 이야기하러 갑니다. 그럼에도 '안 된다'고 하더라도 그 이유를 언어로 명확히 듣는 데 집중합니다. 이 과정을 여러 번 되풀이하면 결국은 반대할 이유가 하나도 남지 않고 사라지지요.

그런 과정에서 함께 고민해 주는 사람도 생기는가 하면 반대 이유가 되었던 부분을 해결해 나가면서 점점 사고가 깊어지고 시야가 넓어져 기획이 다듬어지기도 합니다. 그러니 반대에 부딪혔다고 해서 기가 죽고 우울해할 여유는 없습니다. 더 중요한 것은 이유를 구체적으로 묻고 그 문제를 해결하려는 자세입니다.

정답 없는 공포는 '동료와의 대화'로 극복한다

모든 반대를 극복하고 드디어 기획을 진행해도 좋다는 승낙이 떨어져 진행할 수 있는 단계가 오면, 팀 내에 공포심과 불안감이 엄습하는 시기가 찾아옵니다.

조직에서 반대하는 동안에는 그 반대하는 사람이 적이 되고, 반대를 극복하는 것이 뚜렷한 목표가 되어서 의욕을 불사를 수 있습니다. 하지만 막상 반대가 사라지면 이제는 광활한 평원에 도달한 느낌일 겁니다. 어디에도 쓰러뜨려야 할 적 같은 건 보이지 않지요. 어느 쪽으로 가야 하는 것이 정답인지 전혀 모르겠습니다. 알고는 있지만 혁신에는 정답이 없다는 사실이 퍼뜩 떠오르고 두려움이 밀려옵니다.

그럴 때 저는 일단 팀 동료들과 대화를 나눕니다. 특히 왜why에 관해서인데요, '우리는 왜 이 프로젝트를 하려고 하는가?'에 대해 많은 이야기를 주고받습니다. 그리고 대화의 끝에 모두 확신이 들면 한 발 앞으로 나아갑니다. 이 확신을 토대로 선택한 길이 정답이 될 것이기 때문이지요.

〈딜리트 C〉 때도 대화의 연속이었습니다. 암을 고칠 수 있는 병으로 만들고 싶다는 염원에서 시작된 프로젝트였는데, 당초 기업과 의료 관계자 등 다양한 사람들이 반대하는 경우가 정말로 많았거든요.

저희도 말로 할 뿐이다 보니 의료 관계자들이 "암에 대해 아무것도 모르면서 그런 얘길 그리 쉽게 하면 안 됩니다!" 하고 강하게 지적한 적도 있었습니다. 솔직히 그땐 자신감이 푹 떨어졌습니다. 응원하고 싶은 분들로부터 강한 부정을 당했으니 그럴 만도 하지요. 충격이었습니다.

그럴 때는 늘 팀원들과 대화를 나눴습니다. 정말로, 아무것도 모르는 사람이 암을 고칠 수 있는 병으로 만들겠다는 말을 해서는 안 되는 것일까. 물론 각자 다양한 입장, 갖가지 의견이 있으니 답을 쉽사리 찾을 수는 없습니다.

하지만 몇 시간씩, 몇 날 며칠 동안 대화를 거듭하고 나서 '아무것도 모르는 초짜이기에 암을 고칠 수 있는 병으로 만들고 싶다고 말할 수 있는 것 아닐까' 하는 결론에 이르렀습니다. 의료 관계자나 제약회사에서 연구에 관여하는 전문가들은 암을 고칠 수 있게 하는 일의 어려움을 너무나도 잘 알고 있기에 가볍게 말할 수가 없습니다.

아니, 그들은 구하고 싶지만 구해내지 못하는 생명을 눈앞에 두고 있으니 더 절박할 겁니다. 누구보다 암을 고치고 싶겠지요. 하지만 암에 대해 너무 잘 알기에 할 수 없는 겁니다.

그렇다면 그들 대신에 우리가 말하자는 겁니다. 그게 얼마나 어려운 일인지는 완전히 이해할 수 없지만 누구나 원하는 일이라면 바보 같이 외치는 사람이 있어도 좋지 않을까요. 그 분야에 문외한이니까 오히려 그 일이 가능한 것이라고 팀원 모두가 확신했습니다.

저희는 당초 〈딜리트 C〉를 '암을 고칠 수 있는 병으로 만드는 프로젝트'라고 정했습니다. 하지만 팀에서 대화를 거듭한 후로는 '모두가 힘을 모아 암을 고칠 수 있는 병으로 만드는 프로젝트'라고 말하게 되었습니다. 우리뿐만 아니라 문외한도 전문가도 기업도 운동선수도 예술가도, 암에 관심 있는 사람도 없는 사람도, 누구나가 원하는 일이라면 모두 함께 목소리 높여보자고 말입니다.

그것이 정답인지 아닌지는 아무도 모르지만 적어도 우리는 그렇게 확신했기에 진행할 수 있었습니다.

혼자서 끌어안고 끙끙 고민하지 말고 동료들과 대화를 거듭해 보시길 바랍니다. 대화의 끝에 확신을 얻을 수 있다면 길은 저절로 열릴 것입니다.

괴로울 때는 드라마 주인공이 되어 보자

또 한 가지, 제가 반대를 극복할 때 시도한 방법이 있습니다. 그것은 '주인공이 되어 극복하는 법'입니다. '드라마나 만화, 영화의 주인공이 되어보자!' 하는, 초등학교 2학년 남자아이 같은 발상이지만 의외로 꽤 효과가 있습니다.

제가 NHK 직원 시절에 이입했던 인물은 역시 한자와 나오키[29]였지요. 난관, 그리고 이어지는 또 다른 난관, 복잡 기괴한 사내 조정. "나는 NHK의 한자와 나오키다, 배로 갚는 정도가 아니라 열 배로 갚아주겠어!" 이런 느낌으로 완전히 의욕에 차올랐습니다.

---

[29] 일본에서 대히트를 기록한, 은행을 무대로 한 기업드라마 제목이자 주인공 이름. "당하면 배로 갚아주겠어!"라는 대사로 유명하다

진짜 자신의 모습으로 현실을 받아들이고 극복한다는 건 꽤 힘든 일입니다. 하지만 '이거 꼭 드라마나 영화의 한 장면 같군!' 하고 생각하면 설레거든요. '이봐, 이렇게 일이 잘 풀리는 듯하면 어김없이 나쁜 일이 일어나곤 하잖아. 역시 나쁜 일이 생겼어!' 또는 '여기서 밑바닥까지 떨어진 주인공이 이제 대반전을 보여주는 거지. 좋았어, 다시 일어나라고!' 하면서 말이지요.

일을 일이라고 생각하면 괴롭지만, 현재의 상황을 한걸음 멀찍이 떨어져서 바라보고, 자신이 주인공인 드라마의 각본가가 된 것처럼 이야기를 써보면서 지금은 보이지 않는 결승점을 그려본다거나 희망을 품기도 합니다. 괴로울 때 한번 시도해 보면 재미있을 겁니다(다만 연기는 마음속으로 하세요).

5장

전달

'재미있는 부분을
재미있는 형태로' 전달한다

이제 기획도 했고, 적합한 표현도 결정되었으며, 훌륭한 동료도 모여 제법 형태가 갖춰졌습니다. 다음은 어떻게 '전달'할지에 관해 이야기해 보려고 합니다. 이 책의 머리말에서 저는 이런 말을 했습니다.

'아무리 중요한 콘텐츠라도 전해지지 않으면 존재하지 않는 것이나 다름없다'

여기까지 오니 더욱 깊이 있게 들리는 말입니다. 역시 기획을 하나 한다는 것은 어설프게 할 일이 아닙니다. 굉장한 정신력과 체력을 요하고 때로는 그 과정이 몇 개월이나 몇 년 동안 계속되기도 합니다. 기획을 형태로 만든 시점에서 이미 진이 다 빠져버리는 일도 자주 있지요. 메시지를 전달하는 단계까지는 생각도 할 수 없을 만큼 말이지요.

알아요, 압니다. 실제로 말이죠, 저도 이 책을 4장까지 써오면서 조금 성취감을 느꼈습니다. '드디어 기획을 실현하는 데까지 왔다!' 하고요. 그럼 이제 밥이라도 먹으러 갈까! 하고 거리로 뛰쳐나가고 싶은 기분입니다.

하지만 '여기부터가 정말 중요합니다'라고 써야만 한다는 걸 저는 잘 알고 있습니다. 지쳐서 진이 빠졌을지도 모르고, 이제 그만 컴퓨터를 끄고 싶을지도 모르지요.

하지만 사실은 지금부터입니다. 여기서부터가 굉장히 중요합니다.

전하고 싶은 메시지를 많은 사람에게 전하려면, 당연한 얘기지만 그 기획이 전해질 수 있는 경로를 제대로 생각해야 합니다. 기껏 좋은 상품을 만들고서 그 상품을 회사 책상에만 장식해 두는 사람은 없겠지요(있다면 오히려 만나보고 싶습니다). 상품을 운반할 운송 수단과 교통망이 없으면 그 상품이 소비자에게 전달되지 못하는 것처럼, 기획에도 '경로'가 필요합니다.

그런 '전달'을 생각할 때 제가 중요하게 여기는 요소는 다음 세 가지 항목입니다.

　☺ 콘텐츠가 우선, 미디어는 객관적으로

　☺ '재미있는 부분을 재미있는 형태로' 가공한다

　☺ 기록이나 기억에 남을 멋진 홈런을 노린다

그러면 순서대로 설명하겠습니다.

콘텐츠가 우선,
미디어는 객관적으로

'화제 만들기'보다 우선 콘텐츠를 공들여 만든다

전하고 싶은 메시지를 수많은 사람에게 전달하는 일, 즉 '유통'에는 웹사이트나 SNS가 큰 역할을 합니다. 누구나 이용할 수 있고 공유가 가능하기 때문에 1이 2가 되고 100으로, 1000으로, 눈 깜짝할 사이에 100만, 1000만으로 퍼져나가는 확산성이 특징입니다.

지금까지 도저히 전해지지 않았던 기획이나 아직 아무도 모르는 소소한 기획이, 어떤 한 사람이 쓴 140글자로 화제의 중심에 오를 수도 있습니다. 실제로 〈주문을 틀리는 요리점〉도 요리점을 방문한 제 지인의 트위터를 계기로 큰 화제가 되었으니까요.

치매를 앓는 사람들이 일하는 '주문을 틀리는 요리점'의 가오픈 행사에 다녀왔어요(^^) ○○씨는 할머니에게 햄버그스테

이크를 주문했는데 떡하니 만두가 나와 크게 웃었습니다 하하

이 트위터가 게시된 뒤 굉장한 기세로 퍼져나가 〈주문을 틀리는 요리점〉이 '야후!'의 실시간 검색어 1위에 올랐던 겁니다. 다음 날 제게는 텔레비전, 신문, 잡지에서 취재 의뢰가 쇄도했지요. 그 후에도 열기는 그칠 줄을 모르고 중국, 한국, 싱가포르, 카타르, 영국, 독일, 스페인, 프랑스, 폴란드, 미국, 브라질 등 세계 20개국이 넘는 나라의 미디어로부터 이 프로젝트를 자신의 나라에 소개하고 싶다는 연락이 쏟아졌습니다(이때 평생 분의 구글번역기를 사용한 것 같습니다).

이처럼 종종 로또 1등 당첨 같은 일이 일어나기도 해서 SNS 등에서 폭발적인 인기를 끄는 방법에 관한 노하우 기사나 기업의 마케팅 담당자를 대상으로 한 강연 등 세상에는 화제가 될 만한 소재를 원하는 목소리가 그치질 않습니다.

물론 화제가 되면 기쁘겠지요. 가능하기만 하다면 그렇게 하고 싶을 겁니다. 하지만 저는 그러한 '화제를 불러일으키는 방법'을 생각하기 전에 좋은 기획과 좋은 상품을 만드는 일이 먼저라고 생각합니다. 즉, '콘텐츠가 우선'이라고 믿습니다.

어쩐지 이야기가 다시 '기획'으로 돌아간 것 같나요? 전달 방법을 고민할 때 그것만으로 어떻게 하려고 하면 어려운

일이 많이 생깁니다. 레스토랑을 오픈할 때 유명한 연예인을 초대해 화려한 오프닝 축하 행사를 열고, 광고를 빵빵 때려서 지명도를 높여도 가장 중요한 요소인 요리가 맛이 없다면 아무 소용없겠지요. 초반에는 호기심에 손님이 찾아올지도 모르지만, 금세 발길이 뚝 끊길 것입니다.

최악의 경우는, 상품이나 서비스를 만든 본인조차도 사실은 형편없다고 생각하면서 홍보해 달라고 의뢰할 때입니다.

콘텐츠가 가장 중요합니다. 물론 좋은 콘텐츠라고 해서 반드시 널리 알려지고 인기를 얻는 것은 아닙니다. 하지만 좋은 콘텐츠는 '전달'을 고려할 때 중요한 전제가 된다는 사실을 강조하고 싶습니다.

어떤 미디어를 사용할지 '객관적인 시점'으로 선택한다

좋은 콘텐츠를 만든 후에는 어떻게 전달해야 할까요? 저는 '미디어 플랫media flat'이라는 사고관을 중요시합니다.

텔레비전이나 신문, 잡지, 서적, 라디오, 웹, SNS, 이벤트, 광고…… 뭐든 다 좋지만 이들 미디어는 모두 '도구Tool'입니다. 정보를 전달하기 위한 수단이지요.

이런 당연한 말을 굳이 강조하는 이유는, 제가 바로 얼마 전까지도 이 사실을 제대로 인지하지 못한 장본인이기 때문입니다. 즉, 미디어를 수단이 아니라 '목적'으로 여겼던 겁니다. 저는 NHK 시절에 꾸준히 TV 프로그램을 만들었습니다. 그 수가 몇백 편에 이르다 보니 제게는 정보를 전달하는 수단이 오직 텔레비전 한 가지로 굳게 자리 잡았지요. 이외의 방법은 시야에 들어오지 않았습니다. 방송 프로그램을 만드는 것이 너무도 당연해서 어떤 정보든지 텔레비전으로 전달하려고 했던 거지요. 그러나 10~20대에게 정보를 전하고 싶다면 솔직히 NHK 종합에서는 방송하지 않는 편이 좋을지도 모릅니다. 그 채널에는 애초에 타깃으로 삼을 고객이 적기 때문입니다. NHK를 보는 사람은 대부분 65세 이상이니까요.

그런데 주 시청층인 고령자들에게조차 외면받았던 적이 있습니다. NHK 야마가타 방송국에서 저녁 시간대 정보 프로그램을 만들던 시절, 철야까지 해가면서 제작한 방송의 시청률이 놀랍게도 0퍼센트를 기록한 것입니다. 방송이 나간 후에 시청률을 보여주는 꺾은선 그래프가 나오는데, 그래프가 당최 꺾이질 않는 겁니다. 지면을 따라 기어가더군요. 의료 드라마 같은 데서 자주 나오는 심정지 상태를 떠올리면 됩니다. 초등학생이 수업 시간에 배우는 그래프라고 하면 보통 오른쪽 위로 쭉 뻗어나가는 선이 그려진······(눈물 때문에 더 이상 글자를 칠 수가 없습니다). 알고 보니 그 시기에는 농번기라 어르신들이 모두 논밭에 나가 일하느라 TV를 보지 못한다고 합니다.

요컨대 정보를 전하려 할 때는 반드시 전하고 싶은 타깃이 있을 테니 그 타깃에게 확실히 전달할 수 있는 수단과 타이밍을 선입견 없이 판단해서 조합해야 합니다. 이것이 제가 중요하게 여기는 미디어 플랫, 즉 미디어를 객관적으로 고르는 사고방식입니다.

'프로페셔널, 나의 방식' 앱이 다운로드 수 100만 건을 돌파하기까지

〈프로페셔널, 일하는 방식〉 방송 10주년 때 기획한 '프로페셔널, 나의 방식' 앱을 예로 들어 살펴보겠습니다.

이 앱을 개발한 주 목적은 1장에서도 말했듯이 U59 문제였습니다. 59세 이하인 사람들에게 방송 정보와 그 가치를 어떻게 전하면 좋을까 하는 문제였죠. 하지만 59세 이하라고 하면 범위가 넓습니다. 그래서 〈프로페셔널, 일하는 방식〉 제작팀과 협의해 타깃을 10~20대에 맞추기로 했습니다. 프로그램이 애초에 타깃으로 설정한 연령층이었지만 실제로는 가장 전달되지 않았기 때문입니다.

그래서 이 앱을 만드는 목적을 다음과 같이 명확히 설정했습니다. '〈프로페셔널, 일하는 방식〉 프로그램 제목은 알고 있지만 방송을 보지 않는 10~20대에게 프로그램이 지닌 가치를 접하게 함으로써 관심 갖게 하기'.

이 목적을 달성하기 위해 제가 선택한 수단을 열거하자면 ①앱 ②교육 ③취준생 ④우도 유미코 씨 ⑤1월 ⑥야후! 토픽스 ⑦니코니코 특별 생방송 ⑧NHK의 뉴스릴리즈, 트위터, 페이스북 ⑨웹뉴스 등입니다. 이 요소들을 복합적으로 활용했더니 3개월 동안 100만 다운로드 수를 돌파하는 결과로 이어졌습니다.

각각의 수단을 어떻게 활용했는지 순서대로 설명하겠습니다.

①앱

타깃이 10~20대여서 주요 전쟁터는 스마트폰이 되겠다 싶었습니다. 이들은 TV가 아닌 스마트폰으로 정보를 주고받고 캡처합니다. 객관적으로 생각하면 이 기획은 텔레비전이 아니라 스마트폰으로 전개하는 게 맞지요. 그래서 '누구나 프로페셔널이 될 수 있다'는 메시지로 애플리케이션을 만들기로 했습니다.

②교육

앱을 출시한 2016년 당시, 애플 앱스토어에는 50~60만 개의 앱이 게재되어 있었습니다. 그렇기에 앱을 출시하기만 해서는 묻히기 십상이었죠. 그래서 사용자들의 눈에 잘 띄게 하려고 앱 등록 카테고리를 '교육'으로 잡았습니다.

언뜻 생각하면 '카메라'나 '엔터테인먼트' 같은 카테고리가 더 접근성이 좋을 것 같지만 두 카테고리는 경쟁이 워낙 치열했으니까요. '교육' 카테고리에는 등록되어 있는 앱 수가 훨씬 적었습니다. 당시에는 카테고리별로 인기 순위가 앱스토어 내에 표시되었기 때문에 카테고리 1위를 차지할 수 있을 만한 분야를 고른 것이었습니다.

③취준생

사실 애초부터 우리 팀은 이 앱을 '교육' 카테고리에 올리려고 마음먹었습니다. 공공방송인 NHK가 엔터테인먼트 앱을 낼 이유나 필연성은 찾을 수 없었습니다. 제가 이 앱을 만들 때 떠올린 구체적인 타깃은 '취업준비생'이었습니다.

대학에는 일의 의미를 알아보거나 취업을 준비하는 데에 필요한 지식과 자세를 배우는 직업교육 수업이 있습니다. 그리고 직업교육 시간에 〈프로페셔널, 일하는 방식〉 DVD가 교재로 자주 사용된다는 것을 알고 있었습니다. 무척 고마운 일이었지만, 반면에 과제도 있었습니다.

취준생 입장에서 보면 프로페셔널의 존재가 너무 멀게 느껴진다는 것이었습니다. 한 번은 제가 대학생들에게 의견을 물은 적이 있습니다. "어떤 프로페셔널의 방식을 알고 싶은가요?" 하고 말입니다. 프로야구 스즈키 이치로鈴木一朗 선수라든지 애니메이션 영화의 거장 미야자키 하야오宮崎駿 감독 같은, 뭐 그런 인물을 댈 거라고 예상했는데 그 자리에 있던 학생 네 명 중 세 명이 "같은 연구 모임에 있는 선배요. 단 취업에 성공한 사람으로!"라고 대답하더군요.

이런 관점은 미처 생각 못 했네요. 이것이 실제로 취업을 앞둔 학생들의 현실적인 목소리입니다. 눈앞에 닥친 취업 준비. 50곳, 60곳, 100곳의 회사에 지원하는 학생도 있다고 하니, 그들에게 큰 성공을 거둔 프로페셔널의 방식은 좀처럼 와닿지 않을 겁니다. 취업 준비에 관해서는 여러 가지 논의할 점도 있기에 '취업에 성공한 선배의 방식을 알고 싶다'는 학생들의 생생한 목소리가 강렬하게 제 머릿속에 자리 잡았습니다.

그래서 앱을 만든다면 취준생에게 도움이 되는 콘텐츠로 선보이고 싶었습니다. 앱은 자신의 이름과 직함을 입력하고 '자신이 빛나는 순간'을 촬영한 뒤 '자신이 중요하게 여기는 일의 방식'을 넣으면 자동적으로 동영상이 생성되는 구조였습니다. 이 구조는 취준생들을 의식한 결과물이었지요.

대학생에게는 아직 직함이 없습니다. '내가 반짝이는 순간은 언제일까? 아르바이트하고 있을 때? 동아리 활동? 자원봉사활동? '내가 중요하게 여기는 방식'은 뭐지? 그런 거

생각해 본 적이 있었던가?'

진지하게 영상을 만들려고 한다면 굉장히 어렵습니다. 하지만 이 항목들을 채울 수 있다면 입사 지원서도 술술 쓸 수 있을 겁니다.

저는 앱을 개발하는 동안 대학의 취업지원처 담당자와 대학생들에게 의견을 물어보면서 앱의 구성 요소를 하나하나 결정해 나갔는데, 의견을 듣는 과정에서 확실한 반응이 있었습니다. 즐겁게 놀면서 자기 자신을 깊이 이해하게 되고, 게다가 지원서까지 쓸 수 있다면? 이런 앱이라면 학생들도 교직원들도 꼭 사용해 보고 싶다고 말했습니다. 이러한 반응에 비추어보았을 때도 앱의 카테고리는 '교육'이 좋겠다고 확신했습니다.

④우도 유미코 씨

이때부터는 앱을 세상에 알리는 '출발점'을 만들어야 합니다. 여기서 실패하면 정보가 확산되지 않으니 신중하게 설계해야만 해요. 이때 제가 중요하게 여기는 요소는 '누가', '무엇을' 말하느냐입니다.

제가 떠올린 이미지는 '자파넷 다카타Japanet Takata'라는 온라인 쇼핑 사이트였습니다. 창업자인 다카타 아키라高田明 씨는 이미 일선에서 물러났지만 상품을 광고하는 그의 말솜씨는 감탄을 자아냅니다. 이분이 말하기만 하면 상품이 굉장히 매력적으로 느껴져서 당장 사고 싶어집니다.

　NHK에서도 그런 존재가 없을까 하고 생각했는데, 있었습니다! 우도 유미코 아나운서인데요. 당시 NHK를 대표하는 아나운서였기에 그보다 더 이상 좋은 인물은 없었죠.

　저희는 앱을 출시하기 전에 우도 씨에게 앱을 사용해 보게 했습니다. 그랬더니 우도 씨가 '자기만의 방식'란에 이렇게 코멘트를 남겼던 것입니다.

　[프리랜서, 안 해요]

　오오오우, 이제 됐어! 그런 생각이 머리를 스쳤습니다. 자세히 설명하자면, 당시 미디어는 우도 씨의 일거수일투족에 주목하고 있었습니다. 인기 프로그램의 사회자로 나오던 시절에 곁땀으로 옷이 흥건히 젖은 일로 화제가 되기도 하고, 섹스리스라는 주제에도 자기 생각을 명확히 말하기도 했지요. 우도 씨의 말 한마디가 금세 각종 미디어에 오르고 포털 사이트에 우도 씨에 관한 기사가 넘쳐나는 일이 수없이 벌어졌습니다.

　그리고 당시 미디어의 최대 관심사가 '과연 우도 씨는 NHK에서 독립할 것인가 아닌가'였지요. 그런 분위기를 의식한 우도 씨가 태연스럽게 자신의 노선을 분명이 밝혀 영상을 제작한 것입니다.

비로소 앱을 효과적으로 홍보해 줄 '아나운서 우노 씨'까지 준비가 갖춰졌습니다.

⑤1월

다음으로는 앱을 출시하는 타이밍이었습니다. 출시일을 2016년 1월 1일, 새해 첫날로 정했습니다. 이유는 단순했습니다. 1월은 1년 중에서 재택근무 비중이 가장 높아 앱 다운로드가 무척 많은 시기였기 때문입니다. 한마디로 사용자가 가장 많은 시기를 노린 것이지요.

드디어 앱이 출시됩니다. 한 해의 마지막 날 방영되는 대형 음악제인 〈홍백가합전〉이 끝나고, 새해 첫날 아침까지 이어지는 장수 프로그램인 〈가는 해 오는 해ゆ〈年〈る年〉가 시작되자 제 손에는 점점 땀이 납니다. 그리고 '새해가 밝았습니다. 새해 복 많이 받으세요!' 하는 목소리와 함께 제 눈길은 스마트폰에 고정되었지요. 그러자 곧 앱스토어의 메인 화면에 앱 '프로페셔널, 나의 방식' 아이콘이 떴습니다.

그 자리는 앱스토어의 성역 중의 성역. 스토어 담당자가 인정한 앱만 게재되는 최고의 자리입니다. 그곳에 우리가 만든 앱이 떡하니 올라와 있었던 것입니다.

그리고 곧이어 앱을 사용해 본 유저들의 뜨거운 목소리가 트위터와 페이스북, 유튜브에 올라오고 있었습니다.

[은근슬쩍 이런 앱을 출시하다니, NHK 최고다!]
[이 앱, NHK치고는 너무 센스 있는 거 아냐?]
[NHK 대체 뭘 한 거야ㅋㅋㅋ]

인생에서 스마트폰을 그렇게 오래 바라본 건 그해 1월이 처음이었습니다.

⑥야후! 토픽스

앱을 출시한 뒤 사흘이 지난 1월 4일에 앱에 관한 정보를 집중시켜 단번에 화제가 되게끔 했습니다. 우선은 새해 첫 방송에서 우도 씨가 앱을 소개해 주었습니다. 앱을 사용해 동영상을 만드는 과정을 보여주고, 제작한 영상을 내보냈더니 방송 중에도 앱 다운로드가 끊이질 않았지요. 우도 씨는 평소에도 앱 사용을 즐기고 있었기에 소개 멘트에도 열정이 느껴졌습니다.

우리는 기회를 놓치지 않고 그 영상을 '야후!'의 영상 토픽스(2020년 3월에 서비스 종료)에 올렸습니다. '프리랜서, 안해요'라고 선언하는 우도 씨의 영상이 주목을 끌더니 페이지

최상단에 노출되면서 눈 깜짝할 사이에 50만 조회 수를 돌파했습니다. 이번에는 그것을 본 일간지 기자가 [우도 씨 프리 안 한대]라는 제목의 기사를 썼고 이번에는 또 그 기사가 '야후! 토픽스'의 최상단에 오르며 앱 다운로드 수는 기하급수적으로 늘어났습니다.

⑦니코니코 특별 생방송

그리고 밤에는 〈프로페셔널, 일하는 방식〉의 10주년 스페셜 프로그램이 방송되었는데 방송 끝 무렵에 또 한 번 앱을 확실히 소개할 수 있었습니다.

게다가 그 방송과 같은 시각에 〈니코니코 생방송⑩〉에서 방송의 역대 프로듀서와 사회자들이 출연해 함께 NHK의 특별방송을 보면서 〈프로페셔널, 일의 방식〉의 10년을 되돌아보고 모두 앱을 마음껏 즐기는 '프로페셔널 10주년 동창회 & 앱으로 놀자' 편을 방영했습니다.

⑧NHK의 뉴스 릴리스, 트위터, 페이스북

이와 동시에 NHK의 공식 트위터와 페이스북, 유튜브도

---

⑩ 일본 최대급 라이브 스트리밍 서비스로 최신 애니메이션, 음악, 게임, 요리 등 다양한 주제를 다룬다

활용했으며 뉴스 릴리스[31]도 내보냈습니다.

⑨웹뉴스

앱은 출시 후 10여 일 만에 50만 다운로드를 돌파했습니다. 대히트를 기록하니 웹 미디어를 중심으로 취재 요청이 쇄도했고, 기사가 나가기만 하면 다운로드가 늘어나는 선순환이 생겼습니다. 무엇보다 기뻤던 것은, 교육 현장에 앱이 널리 파급된 일이었습니다. 대학의 직업 교육에서 활용되었을 뿐만 아니라, 중학교와 고등학교에서도 '자기이해自己理解[32]'나 '타기이해他己理解[33]'의 도구로서 많이 사용되었습니다. 그리고 1년 동안 150만 다운로드를 돌파했습니다. 이용자의 70퍼센트가 10~20대라는 결과가 밝혀져, 프로젝트는 당초에 세운 목표를 달성했습니다.

강력한 콘텐츠를 만들고 미디어를 객관적으로 결정해 목적에 적합하도록 효율적으로 조합한 뒤 공개하는 '콘텐츠 최우선&미디어 플랫' 작전. 말하기는 쉽고 행동하기는 어렵습니다. 역시 아무래도 자신들이 가장 잘 다루고 익숙한 미디어를 중심으로 생각하게 되며, 아무리 노력해도 사용할 수

---

[31] 정부·단체·기업 등이 홍보를 위해 매스컴에 배포하는 인쇄물
[32] 자신의 성격, 가치관, 태도 등을 깊이 알고 이해하는 일
[33] 주위에서 보는 자신을 파악하고 이해하는 일

없는 미디어도 있기 때문이지요. 물론 '프로페셔널, 나의 방식' 앱의 사례도 제가 NHK에서 일했기에 가능했다는 이점도 분명히 있습니다.

프로젝트의 내용과 소속한 조직에 따라, 수단에는 다양한 제약이 있습니다. 다만 분명히 말할 수 있는 것은 정보를 전달한다는 목적이 가장 중요하며, 수단에 얽매여서는 안 된다는 점입니다.

과연 텔레비전은 한물간 미디어인가?

얼마 전, 어떤 대학에서 강연할 기회가 있었는데 그때 한 대학생에게서 "텔레비전이 시대에 뒤떨어진 미디어가 되는 것을 막으려면 어떻게 해야 한다고 생각하십니까?"라는 질문을 받았습니다.

저는 "극단적으로 말하면, 텔레비전이 더 이상 별 볼 일 없는 미디어가 되어도 상관없어요" 하고 대답했습니다. 그런 현상을 막으려고 발버둥칠 필요는 없습니다. 텔레비전은 정보와 가치를 전달하기 위한 도구일 뿐 대신할 도구가 있다면 그것을 사용하는 것이 바람직하기 때문이지요.

물론 지금도 TV 방송이 지닌 파급력은 어마어마합니다. 하지만 틀림없이 '정보를 전달하는 도구'로서의 TV는 10년, 20년 전과 같은 힘은 잃었다고 생각하면 됩니다. TV로만 정보를 전달하기는 어려운 상황이라 더더욱 미디어를 객관적으로 고를 필요가 있습니다.

다만 여기서 다시금 강조하고 싶은데, 저는 TV를 무척 좋아합니다(느닷없는 고백). TV를 보고, 개그 방송을 보며 자란 사람입니다. 제가 지닌 감성의 90퍼센트는 TV에 의해 형성된 것이지요. 그리고 제가 세상을 보는 시각과 마주하는 자세의 90퍼센트는 NHK에서 일하는 동안 TV 프로그램을 만들면서 몸에 밴 것입니다.

TV 콘텐츠가 지닌 파워는 여전히 압도적이라고 생각합니다. 대단한 기획을 하는 연출가와 프로듀서, 실력 좋은 카메라맨과 비디오 엔지니어가 잘라낸 영상을 소재로 멋진 이야기를 엮는 편집자, 그리고 방송에 생명을 불어넣는 내레이터와 아나운서. 각 분야의 프로가 모여 함께 땀 흘려 만든 콘텐츠를 보면 웃게 됩니다. 그리고 다음 회가 너무 기다려져서 일주일이 설렐 것이고, 몰랐던 사실을 직접 지켜보느라 화면에서 눈을 뗄 수가 없습니다.

그러므로 TV는 결코 시대에 뒤떨어진 미디어가 아니라고 생각합니다. 오히려 가치 있는 미디어로 넘치는, '콘텐츠 우선' 법칙이 철저히 지켜지고 있는 멋진 장소입니다.

전하려는 각오부터

하지만 중요한 것은 콘텐츠를 만들 때만큼이나 그 콘텐츠가 지닌 가치를 전달하는 노력도 필요하다는 것을 잊지 말아야 합니다.

중요한 이야기라 몇 번이고 되풀이하지만, 아무리 훌륭한 콘텐츠라도 전해지지 않으면 이 세상에 존재하지 않는 것이나 다름없습니다. 전해지지 않으면, 만드는 사람도 전달받는 사람도, 세상도, 아무도 이득을 얻지 못한다는 말입니다.

TV가 한물갔다는 생각은 누구보다도 제 마음속에 줄곧 자리하고 있었습니다. 전하고 싶은 사람에게 전해지지 못했다는 사실이 계속 찜찜하게 고민과 갈등으로 남아 있었기 때문입니다. 그리고 방송 결과가 좋지 않을 때 '그래, 한물갔으니까' 하고 생각해 버리면 내 탓도 TV에게 돌릴 수 있어 마음이 조금 편해집니다. 하지만 그런 식으로 생각해서는 아무것도 해결되지 않지요.

콘텐츠가 지닌 정보와 가치를 온전히 전달해야겠다는 각오를 굳히고부터는 여러 수단을 떠올리게 되었습니다. 그리고 콘텐츠를 전달했다는 실감과 경험을 조금씩 쌓아가는 동안에 우리가 만드는 콘텐츠의 가능성을 계속해서 믿을 수 있게 되었습니다.

닭이 먼저냐, 달걀이 먼저냐 하는 이야기나 다름없지만,

콘텐츠를 만드는 사람이 '전하려는 각오'를 갖추고 있느냐 아니냐는 매우 중요합니다.

'재미있는 부분을 재미있는 형태로' 전달한다

재미있는 부분만을 쏙 뽑아낸 'NHK 1.5 채널'

여러분, 뜬금없지만 모기에 잘 물리지 않는 방법을 아시나요? 답은 '발바닥을 소독한다'입니다. 발바닥을 소독하고 나면 거짓말처럼 모기에 잘 물리지 않게 됩니다.

사실 이 모기 이야기는 2017년에 창설해 제가 편집장을 맡고 있던 'NHK 1.5 채널(이하 '1.5 채널')'이라는 온라인 영상 발신 서비스 중에서 처음으로 1000만 조회 수를 넘은 동영상의 내용입니다. 국내뿐 아니라 전 세계에서 공유되어 최종적으로는 1800만 회를 넘겼지요.

그 외에도 '1.5채널'의 어떤 영상은 전 세계 유튜브에서 1억 5000만 회 재생되기도 했고 통상 1퍼센트 정도인 참여율engagement rate(업로드된 내용에 사용자가 '좋아요'나 '공유'를 누른 비율)이 10퍼센트를 넘기도 했습니다. 또한 사용자의 약 60퍼센트가 여성인 데다 특히 25~44세가 가장 많아서, 그동안

NHK가 전하고 싶어도 좀처럼 전할 수 없었던 연령층에 대량으로 정보를 전달한 아주 근사한 서비스였습니다(2020년 3월 31일에 종료).

왜 '1.5 채널'의 영상이 이렇게 많은 사람에게 닿았을까요?

원인에는 여러 가지가 있겠지만, 한 가지 중요한 점은 핵심이 되는 '재미있는 부분'을 '재미있는 형태로' 전달한다는 것입니다.

'1.5 채널'은 NHK에서 방송된 프로그램 콘텐츠를 1분에서 1분 30초 정도로 재편집해서 그 영상을 채널의 SNS나 유튜브에 올립니다.

'재미있는 부분'이란 30분이나 45분, 90분짜리 TV 프로그램 가운데 이것만은 꼭 알아야 된다는 부분, 즉 가장 가치 있는 정보를 가리킵니다. 그 흥미로운 부분만을 압축해서 다시 짧은 영상으로 만드는 겁니다.

그렇다면 '재미있는 형태로 전달한다'는 것은 무슨 말일까요? 그것은 배포할 미디어(페이스북, 트위터, 유튜브 등)에 따른 활용 방법의 차이를 이해하고, 각각의 미디어에 가장 적합한 형태로 바꾸어보자는 의미입니다.

미디어별 활용 방법의 차이점을 파악한다

저는 '1.5 채널'을 시작하기 전에는 SNS 세계에 관해 전혀 몰랐습니다. 페이스북과 트위터 계정은 갖고 있었지만 마흔 살에 가까운 아저씨의 일상을 올리기에는 사회에 미안한 마음이 들어 휴업 상태였지요.

그런 제가 '1.5 채널'의 편집장으로 일하고 보니 놀랄 일과 새로운 발견의 연속이었습니다. 페이스북, 트위터, 유튜브와 NHK의 동영상 콘텐츠는 활용 방법이 완전히 달랐습니다.

아니, 당연한 일이지만 각각의 SNS 플랫폼을 진심으로 이해하지 못하면 아무리 좋은 콘텐츠를 만들어도 아무도 봐주지 않는 상태가 장소만 바뀌어 계속 되풀이될 뿐입니다. 노동력과 돈이 허투루 쓰이게 되는 것이지요.

컵라면 판매를 예로 생각해 봅시다. 컵라면을 코스트코에서 판매할 경우와 편의점에 판매할 경우는 판매 방식이 전혀 달라집니다. 코스트코라면 24개들이 한 박스 형태로 팔아야 할 테고 편의점이라면 한 개씩 낱개로 팔아야 하겠지요. 그 반대로 적용하는 순간, 손님은 컵라면을 집어 들지 않을 것입니다. 고객이 기대하는 판매 방식과 일치하지 않기 때문이지요.

코스트코에서 물건을 사는 고객은 '의외로 좋은 상품을 싸게, 대량으로' 사고 싶어 합니다. 거대한 카트에 상품을 턱 턱 담으며 구매하는 방식을 선호하지요. 그런데 한 개씩 낱개로 진열해 둔다면 아무래도 쇼핑하는 재미가 시들해집니다. 내가 원하는 건 이게 아닌데 싶어서 상품에 선뜻 손이 가질 않아요. 반면에 편의점에서 물건을 사는 고객은 '오늘 집에 돌아가 바로 먹을 걸 사 가야지' 하고 생각합니다. 그런데 24개들이 묶음으로 판매하고 있으면 '앗, 이거 혹시 몰래카메라인가?' 하고 당황할지도 모릅니다.

중요한 것은 '고객의 기대를 벗어나지 않는' 것입니다. 동영상 콘텐츠 이야기로 돌아가면, 상품, 즉 동영상 콘텐츠를 TV로 방영할 경우와 페이스북에 올릴 경우, 그리고 유튜브에 올릴 경우, 콘텐츠에 대한 고객의 기대가 각각 다릅니다.

TV는 답을 이끌어내고, SNS는 답에서 시작한다

앞서 말한 '모기 퇴치법'에 관한 동영상을 예로 들어볼게요. 이 동영상의 원조는 〈갓텐!ガッテン!(34)〉이라는 생활 정보 프로그램입니다. 고교생인 다가미 다이키田上大喜군이 모기에 잘 물리는 여동생을 위해서 연구를 한 결과, 모기는 발바닥에 상재균의 종류가 많은 사람을 잘 문다는 사실을 밝혀냈고, 발바닥을 소독하기만 하면 모기에 물리는 횟수가 3분의 1

---

(34)   매주 수요일 방영하는 생활 정보 프로그램이다

수준으로 급감한다는 내용을 소개했습니다.

이 내용을 TV 프로그램에서 소개한다면 '모기에 물리지 않으려면 발바닥의 균을 소독하면 된다'는 핵심 정보는 프로그램의 끝 무렵에 가서야 나옵니다. TV 방송은 정보를 숨긴 채 끝까지 보도록 하는 것을 중요시하기 때문입니다. 방송 시간대가 고정되어 있어서 가능한 한 긴 시간 동안 시청자의 흥미와 관심을 끌어야 하니까요. 그래서 중요한 정보는 될 수 있는 한 뒷부분으로 가져가는 게 좋습니다. 시청자도 그러한 구성을 당연하게 받아들이고, 심지어 그걸 기대하기도 합니다.

그러므로 TV 제작자에게 결론까지의 스토리를 어떻게 구성할 것인가 하는 기술이 요구되기도 합니다. TV란 '이끌어내는' 문화 속에서 진화해 온 미디어라고 할 수 있지요.

반면에 인터넷 세계는 정반대입니다. 결론을 먼저 말하고 길이는 가능한 한 짧게 만듭니다. 여기에는 '바로 알려주는' 문화가 있었습니다. '1.5 채널'을 함께 제작하기로 한 영상 제작 회사 담당자로부터 "페이스북 동영상은 3초 만에 이탈하는 경우가 보통이니까 처음 3초 안에 가장 강렬한 핵심 내용을 넣어주세요. 어쨌든 정보는 짧게, 감정을 움직일 수 있는 형태로!"라고 하는 말을 듣고 굉장히 당황했던 기억이 납니다.

오구니　　 3초라고 하셨지만 TV 프로그램의 경우
　　　　　 건물 외관만으로 15초 내보내는 게
　　　　　 상식이거든요…….

제작 회사　 SNS에서는 비상식이에요.

오구니　　 연출자가 필사적으로 촬영한 이 인터뷰가
　　　　　 45초인데, 전부 사용해야 들을 가치가
　　　　　 있거든요…….

제작 회사　 SNS에서 소리를 들으며 보는 사람은 거의
　　　　　 없습니다.

　아아, 당신 지금 어느 나라 말을 하고 있는 거죠? 문화충
격의 연속이었습니다. 같은 영상 콘텐츠인데 장소가 달라지
면 이렇게나 제작 방법이 달라지는군요. 하지만 로마에 가면
로마법을 따라야 하니까요.

　그러면 모기 퇴치법에 관한 영상을 예로 들어 보겠습니
다. 우선 이 영상을 SNS 중에서도 어떤 채널에 올릴 것인지
고민했는데 이런 내용이라면 페이스북이 좋겠다고 판단했
습니다. 유튜브는 발신자의 얼굴이 보이는 콘텐츠나 저명한
아티스트의 음악 영상, 여러 번 봐도 질리지 않는 내용의 영
상과 잘 맞습니다. 트위터는 순간적으로 알기 쉽고 재미있
는, 그리고 약간 과장스러운 내용의 영상이 반응을 얻고 있

지요. 페이스북은 오늘부터 바로 써먹을 수 있는 '실용적인 방법이나 기술' 또는 감동과 공감을 불러일으킬 만한 스토리가 있으면 더욱 좋습니다.

　모기 퇴치법은 굉장히 알기 쉬운 실용적 방법인 데다가 발바닥을 소독해 주기만 하면 된다는 해결책의 간편함, 거기다 모기에 물리기 쉬운 여동생을 위하는 오빠라는 스토리가 있습니다. 그래서 페이스북에 올려야 할 소재라고 판단했습니다.

　그다음으로 신경 써야 할 것은 영상의 도입부인데, 이때 매우 중요한 것이 제목입니다. 평소 같으면 사용자들이 3초 만에 이탈하기 십상이어서 무엇보다 제목으로 시선과 마음을 사로잡아야했습니다. TV에서는 '인류의 가장 흉악한 적! '모기' 격퇴 대작전!'이라는 제목으로 방영됐지만 이번에는 '모기를 끌어당기는 원인: 16세 고교생의 세계적인 발견'으로 바꿨습니다.

　전면에 내세운 것은 '16세 고교생의 세계적인 발견'이라는 점이었습니다. 마침 이때가 장기 프로기사 후지이 소타藤井聡太 군이 엄청난 인기몰이를 하던 시기였기 때문입니다. 14세에 프로에 입단한 후 파죽지세로 29연승을 기록하는 등 10대인데 굉장하다는 세간의 분위기가 형성되어 있었습니다. 그래서 저희도 그 기세를 타서 '16세 고교생'을 부각하고

자 했던 것입니다.

영상 구성에서도 '여동생을 끔찍이 위하는 오빠'라는 사실을 한눈에 알 수 있게 했습니다. 페이스북은 트위터나 유튜브와 달리, 실명을 사용하는 점이 특징입니다. 그렇기에 너무 화제성을 추구하는 내용이라면 '좋아요'나 '공유'를 누르기가 조심스럽지요. 반대로 감동과 공감을 불러일으키는 좋은 이야기라면 사용자도 안심하고 '좋아요'를 누를 수 있어 널리 확산될 겁니다.

1분짜리 영상 안에 '16세의 고교생이 세계적인 발견을 했다(시류, 놀라움)' → '툭하면 모기에 몰려 괴로워하는 여동생을 위해 연구를 시작한 자상한 오빠 이야기(감동, 공감)' → '발바닥의 균이 모기를 끌어당긴다는 사실을 발견(놀람, 잡다한 지식)' → '발바닥을 소독하면 모기에 잘 물리지 않는다(해결방법)' → '여동생에 대한 애정과 오빠에 대한 감사(감동, 공감)' 이라는 요소를 모두 담았습니다.

한 컷에 3초 정도였어요. 스마트폰에 손가락이 머물러 있도록, 바로 새로운 정보, 새로운 요소가 이어지도록. 페이스북이라는 장소에 있는 사용자들의 기대를 저버리지 않는 구성을 염두에 두고 제작했습니다.

마지막으로, 업로드하는 타이밍입니다. 사람들이 구글에서 '모기'라는 단어를 검색하기 시작하는 시기가 대략 7월로 들어서면서부터라는 사실을 알고, 7월이 되자마자 바로 업로드하기로 했습니다. 그 결과 저희가 예상한 수치를 훨씬 웃도는 결과를 얻었지요. 일본 내에서 조회 수 440만 회를 기록해 영어 자막 버전도 만들었더니 동남아시아를 중심으로 조회 수가 1400만 회를 돌파했고, 최종적으로 이 영상을 본 사람은 전 세계 약 4400만 명에 이르렀습니다.

역동성 넘치는 SNS의 세계

기쁜 소식이 더 있습니다. 영상의 주인공인 다가미 다이키 군에게 전 세계에서 댓글이 달린 것이었어요. 2016년에 이 프로그램이 방영되었고, 2017년 7월에 페이스북에 영상이 업로드되고 확산되면서부터는 전 세계에서 감사와 감동의 메시지가 끊이지 않았습니다. 그리고 다시 다가미 군의 발견이 주목받게 되자, 많은 TV와 신문에서 다뤘고 마침내는 세계 20여 개 대학교에서 입학해 달라는 제안을 받게 되었습니다(2018년 다가미 군은 컬럼비아대학교에 연구자 대우로 진학했습니다).

물론 이러한 결과는 모두 다가미 군의 훌륭한 연구와 노력, 그리고 재능의 산물입니다. 저희가 한 일은 재미있는 정보를 재미있는 형태로 바꿔 전달한 것뿐이지요. 다만 지금까지 해온 방법에 얽매이지 않고 전혀 다른 문화였던 SNS 세계에 뛰어들어 본 결과, 정보가 자신들의 손을 떠나 국경까지 넘어 널리 퍼져서 엄청난 반향을 일으키기도 한다는 것을 알았습니다. TV도 대단하지만 그것과는 전혀 다른 정보 유통 속도와 역동감을 절실히 느낄 수 있었던 경험이었습니다.

처음 1000만 조회 수를 넘어선 날, 우리는 정말로 기뻤습니다. 누구 한 사람 눈물을 흘리지도 않았지만, 있는 힘을 다해 도전했기에 얻을 수 있는 고요한 감동이 물밀듯 밀려왔습니다.

기록이나 기억에 남을 멋진 홈런을 노린다

경로는 '양방향'으로 설계한다

지금까지는 발신자인 우리 쪽에서 어떻게 세상에 정보를 내보낼지에 대해 이야기했습니다. 그런데 정보의 유통을 생각할 때 또 한 가지 중요한 지점이 있습니다. 대중이 우리 쪽으로 우르르 몰려드는 흐름은 어떻게 만들까 하는 점입니다.

저희가 일방적으로 정보를 퍼뜨리려는 시도는 좀처럼 끝이 보이지 않는 지난한 작업입니다. 저절로 사람들이 모여드는 경로가 있어야 좋습니다. 유통 경로가 '양방향'이 되도록 설계하는 것이 이상적이라는 말이지요.

예를 들어 어떤 작가가 좋은 책을 썼다고 합시다. 그 책을 많은 사람이 읽기를 바라는 마음에 서점을 중심으로 광고를 하고 SNS를 통해 열심히 홍보해서 다행히 책이 팔렸습니다. 그럼 다음 책도, 그 다음 책도……? 작가는 피폐해지고 말 겁니다. 작가가 잠자코 있어도 독자들이 책의 발매와 동시에 알아서 사 보는 편이 최고 아닐까요.

무라카미 하루키 씨를 떠올리면 이해하기가 쉬울 겁니다. 무라카미 하루키 씨가 신간을 내면 그 소식이 들리자마자 순식간에 몇십만 부가 팔려나갑니다. 작가는 정보의 '유통'에 관해서 거의 아무것도 하지 않았는데도 독자가 알아서 찾아오는 것이지요.

그런 이상적인 상태가 이루어지는 까닭은 무라카미 하루키 씨가, 무라카미 하루키 씨밖에 쓸 수 없는 책을 낼 것이라고 독자들이 믿고 있기 때문입니다. 그리고 실제로 기대를 저버리지 않기 때문에 이 행복한 양방향의 경로는 몇십 년이나 계속되는 중이고요.

당연한 말이지만 그 누구도 무라카미 하루키가 될 수 없습니다. 하지만 행복한 '양방향의 유통 경로'를 만드는 일은 가능합니다.

안정적인 히트 콘텐츠에는 의미가 없다

제가 '1.5 채널'의 편집장으로 일하던 때, 팀원에게 진심으로 일러둔 말이 있습니다. '기록 또는 기억에 남는 멋진 홈런 노리기'였는데요, 이 말이 행복한 '양방향의 유통 경로'와 어떻게 연결되는 걸까요?

'1.5 채널'을 시작하고 나서 깨달은 것은, 기획 회의 중에 나오는 주제가 동물이나 요리, 또는 실용적인 방법을 알려주는 내용에 무척 치우쳐 있다는 사실이었습니다. 이유는 단순합니다. 그런 종류의 영상은 히트를 끌어내는 왕도로, 어느 정도 안정된 조회 수를 기대할 수 있기 때문입니다.

그러나 그런 방향성은 위험하다고 판단했습니다. 분명 확실하고 안정적인 히트는 예상할 수 있을지 몰라도, 기획의 방향성이 그쪽으로 흐르면 흐를수록 굳이 자신들이 하지 않아도 되는 작품을 만드는 것이기에 결국엔 콘텐츠를 만들어야 하는 이유가 사라질 거라는 생각이 들었기 때문이지요. 초심으로 돌아가 생각해 보면, 우리는 이렇게 위험 요소가 없고 안정된 히트를 치고 싶어서 이 서비스를 시작했던가? 히트를 쳤다고 한들 NHK가 고양이의 동영상이나 요리 레시피 동영상을 양산하는 게 무슨 의미가 있을까? 조회 수를 1만에서 2만으로 올리려 기를 쓰고 '좋아요'를 100개 늘리는 데 집착해도 괜찮은 걸까? 여러 가지 의문이 떠올랐는데, 전부 아니라는 생각이 들었습니다.

기록 또는 기억에 남을 멋진 홈런

본래 저희가 '1.5 채널'을 만든 까닭은, 압도적인 가치가 있는데도 미처 주목받지 못한 NHK의 콘텐츠를 전례 없던 방법으로 알리고 싶었기 때문입니다. 다소 과장스럽게 표현하자면 이 시도는 우리의 자부심을 건 투쟁이었습니다.

우리가 만들어온 콘텐츠는 정말로 가치가 있는 것일까? 가치가 있다고 생각하는 사람은 우리뿐인 게 아닐까? 이렇게 다가가도 아무도 봐주지 않는다면……. 망설임이나 불안이 전혀 없지는 않았지만 우리 콘텐츠에 큰 가치가 있다는 것만큼은 굳게 믿고 있었습니다.

그런 자신감이 있다면, 안전하게 히트를 치겠다고 나서는 기획은 그만두자고 생각했지요. 그래서 제가 편집장으로서 내건 슬로건이 '기록 또는 기억에 남는 멋진 홈런을 노리자'였습니다.

야구에 비유하자면, 프로야구의 최다 기록 보유자인 오 사다하루王貞治[35]나, 기록보다 기억에 남는 프로야구 선수 나가시마 시게오長嶋茂雄를 목표로 하자!라는 의미였지요. 오 사다하루의 868호 홈런은 아직도 깨지지 않는 불멸의 대기록입니다. 그리고 1959년 일왕이 관전한 야구 경기에서 나가시마 시게오 씨가 친 끝내기 홈런은 영원히 기억될 명장면으로 남았습니다. 두 사람이 대단한 까닭은 이렇게 몇십 년이 지나도, 거론되는 존재라는 데 있습니다.

---

[35] 대만 출신의 일본 전 프로야구 선수. 한국식으로 읽은 이름인 '왕정치'로 잘 알려져 있다

40대 초반인 저는 오 사다하루 씨나 나가시마 시게오 씨의 현역 시절의 일은 전혀 모릅니다. 저에게는 이치로 선수라든지 마쓰자카 다이스케松坂大輔 씨나 마쓰이 히데키松井秀喜 씨가 훨씬 친숙하지요[36]. 하지만 그런 저도 '야구! 하면 오 사다하루 씨랑 나가시마 씨지' 하며 저도 모르게 말하게 됩니다. 그 정도로 두 사람의 존재가 야구계뿐만 아니라 사회에 큰 영향을 미쳤다는 의미일 것입니다.

기왕 할 거라면 '1.5 채널'도 그 정도로 강한 인상을 주고 싶다는 바람을 팀원들과 공유했습니다. 그리고 기록으로서는 재빨리 100만 조회 수, 1000만 조회 수, 1억 조회 수를 달성하자고, 설령 숫자는 늘어나지 않더라도 누군가의 기억에 남을 수 있는 압도적인 작품을 적극적으로 만들자고 다짐했습니다.

첫 100만 조회 수 달성

'기록 또는 기억에 남을 멋진 홈런'을 팀의 목표로 삼자, 회의 때마다 무척이나 독특하고 개성 있는 기획이 넘쳐났습니다. 회의가 즐거워지고 이런 발상이 실현되면 어떨까 하는 기대로 설렜습니다.

---

[36] 마쓰자카와 마쓰이 씨는 각각 1980년, 1974년 출생의 전 야구선수이다

그 당시에는 '1.5 채널'을 알고 있는 사람이 거의 없었으니 조회 수가 1만 회만 되어도 감지덕지한 상황이지요. 그런데 회의 중에 오가는 목표 숫자가 어마어마해서 모두 웃음을 터뜨렸습니다. 놀라운 건 실제로 서비스를 개시한 지 3개월 만에 첫 100만 조회 수를 기록했다는 사실입니다. 그 영상은 히로시마를 배경으로 보호관찰위원인 할머니와 소년, 소녀들의 마음이 교착하는 다큐멘터리를 2분 정도의 길이로 만든 것이었습니다.

매우 예민한 주제를 2분으로 압축하는 데는 여러 가지 걱정도 있었습니다. 프로그램에 출연하는 소년, 소녀들에게 다양한 환경과 사정이 있는데, 길게 공들여 설명할 수 있는 프로그램과는 달리 짧게 줄이다 보니 설명이 불충분해 혹여 오해를 빚지나 않을까. TV와는 달리 SNS에는 공유 기능이 있어서 널리 확산될 텐데 아이들에 대한 비방 글이라도 올라오면 어떻게 해야 하나. 그렇다면 모자이크를 해야 하나. 게다가 애초에 다큐멘터리라는 장르를 다룬 전례가 거의 없으니 아무도 안 보는 건 아닐까. 이렇게 갖가지 걱정이 들었지만 논의를 거치면서 하나씩 과제를 해결해 나갔습니다.

최종적으로 영상에 나오는 아이들 가운데 한 명을 제외하고 나머지 다른 아이들은 양해를 얻어 모자이크 처리 없이 그대로 내보낼 수 있었습니다. '모자이크 처리'는 개인 정보 보호의 관점에서는 매우 중요하지만, 감추는 듯한 인상을 주기도 하다 보니 안일한 모자이크 처리가 오히려 좋지 않을 수 있다고 생각했습니다.

연출가는 몇 년 동안 현장을 오가며 진지하게 프로그램을 만들기 때문에 프로그램에 출연한 아이들도 관계자도 영상 송출을 수락한 것입니다. 그래서 영상이 완성되었을 때는 잔잔한 감동을 느꼈습니다.

지금까지 다큐멘터리 영상이 SNS상에서 찾아보기 어려웠던 까닭은 이러한 절대적인 신뢰 관계를 맺기가 쉽지 않았기 때문이라고 여겨집니다. 신뢰 관계를 구축하는 데는 상당히 오랜 시간이 걸리니 그러한 콘텐츠를 양산하려면 막대한 시간과 돈이 들기 때문이지요. 이 경험을 통해 다큐멘터리는 '1.5 채널'에서밖에 볼 수 없는 최고 인기 장르가 되었습니다.

드디어 1억 5000만 조회 수 돌파

그밖에도 이 채널이 찾아낸 인기 장르가 있습니다. 바로 CG 영상입니다. 〈NHK스페셜〉의 '인류 탄생' 시리즈가 있는데, 이 프로그램 사용된 CG가 믿을 수 없을 정도로 최고급 퀄리티였던 겁니다. 이 CG는 일본의 게임 개발회사 스퀘어 에닉스에서 크게 히트 친 게임 「파이널판타지 15」를 만든

팀에서 제작했지요. 파이널 판타지에 쓰인 CG는 솔직히 말해서 "이런 퀄리티가 가능하다고?" 하고 놀랄 정도로 너무나 근사했습니다.

저는 이 CG 영상들을 이어 붙여서 유튜브에 게시하면 재밌을지도 모르겠다는 생각이 들었습니다.

방송 프로그램에서 CG는 주로 어떤 정보를 이해하기 쉽게 설명하는 데 쓰입니다. '인류 탄생'의 경우 200만 년도 더 전에 살던 인류의 조상 이야기를 실제 영상으로는 보여줄 수 없어서 CG를 사용하면 아주 편리합니다. 이 경우 정보가 '주'이고 그것을 알기 쉽게 설명하기 위한 CG는 '종'이 되는 셈이지요. 하지만 CG가 워낙 굉장하니까 CG를 '주'로 내세워서 계속해서 보게 되는 동영상을 만들고 싶었습니다.

그렇게 해서 240만 년 전의 인류 '호모 하빌리스'의 생활을 완전히 실감나는 CG만으로 소개하는 영상이 탄생했습니다. 모기 퇴치법처럼 유용한 정보도 아니고 히로시마의 보호 관찰위원 할머니 같은 따뜻한 감동 스토리도 아닙니다. 그저 호모 하빌리스가 음식물을 조달할 때 하이에나와 싸웠다는 마니악한 이야기를 내레이션 없이 CG만으로 내보내는, 절제의 미를 실현한 영상이었죠.

공개 후 한 달이 지나도록 눈에 띌 만한 상황은 일어나지 않았습니다. 역시 안 되는 건가…… 생각하고 있었는데 어느 날을 기점으로 매일 100만 회씩 조회 수가 느는 게 아니겠어요?

정말로 놀랐습니다. 무슨 일이 일어난 건지 의아했지요. 조사해 본 결과 이 영상이 인도에서 크게 화제 되었다는 사실을 알았습니다. 영화 강국인 인도에서는 CG에 대한 감도와 수요가 굉장히 높다고 하는데, 미국 영화 제작 회사의 SNS에 소개된 '인류 탄생'의 CG 영상이 인도에 전파를 타며 폭발적인 조회 수를 기록한 것입니다.

눈 깜짝할 사이에 1000만 회, 5000만 회를 돌파하고 마침내는 1억 5000만 회라는 어마어마한 조회 수를 기록했습니다. 그리고 2018년 일본의 유튜브 영상 조회 수 4위와 9위에 오르는 쾌거를 달성한 것입니다(참고로 9위의 CG 영상은 '370만 년 전의 인류는 벌레를 먹었다!'입니다).

NHK에서 사용하는 CG의 퀄리티는 원래부터 정평이 나있었지만, 그때까지는 방송 프로그램 이외에 사용된 적이 거의 없었습니다. 일본에만 국한되지 않는, 전 세계와 연결되는 유튜브라는 매체를 통해 NHK 프로그램의 CG가 세계 최고 수준이라는 사실이 입증된 것입니다.

이 묘미를 알고 더욱 기대하게 된 저희는, CG를 새로운 광맥으로 인지하고 차례로 영상을 올렸습니다.

이렇게 저희는 당초 목표로 내걸었던 100만, 1000만, 1억 조회 수를 멋지게 달성해 확실히 '기록에 남는 멋진 홈런'을 칠 수 있었습니다.

오다 에이치로 작가의 기억에 남은 〈갓텐! 아니메〉

이번에는 '기억에 남는 멋진 홈런'입니다. 대표작은 〈갓텐! 아니메ガッテン!アニメ〉라고 불리는 시리즈인데요.

이 영상의 기획·편집은 'AC부'라는 크리에이티브팀이 맡았습니다. AC부는 인기 TV 애니메이션을 제작하는 실력파 크리에이터 분들로 이루어져 있습니다.

그들이 제안한 기획은 〈갓텐!〉의 본편에서 방송한 내용을, 캐릭터가 나와 해설해 주는 콘셉트입니다. 생선 가게 아들 '가쓰'와 그가 기르는 강아지 '텐'이라는 캐릭터였지요.

실제로 편집된 동영상을 보면 가쓰와 텐이 '타월을 폭신폭신하게 하는 방법', '요통을 방지하는 방법', '오줌이 튀지 않는 방법' 등 방송 프로그램에서 소개된 유익하고 재미있는 정보를 골라 약 1분간 설명하는데, 마지막 20초는 늘 같은 리듬으로 "갓텐, 갓텐, 갓텐♪" 하고 노래를 부르며 끝납니다.

이 콘텐츠는 5만 조회 수 정도만 나와주면 괜찮겠다 싶

㊲　애니메이션을 줄여서 부르는 일본어 표현

었습니다. 높은 기록을 기대하기에는 솔직히 약간 부족한 면이 있었으니까요. 그런데 25세에서 34세 남성들의 취향을 저격했는지 기적이 일어났습니다.

어느 날 제작진이 완전 흥분 상태로 '일단 이것 좀 보세요' 하고 메시지를 보내왔습니다. 첨부된 사진을 봤더니…… 뭐지 이게, 와아아!!!!

유명한 만화 「원피스」의 작가인 오다 에이치로尾田栄一郎 선생님이, 『소년 점프』 코멘트란의 그 귀중한 두 줄 반을 할 애해 '갓텐 갓텐 갓텐'이라고 쓰신 겁니다.

오다 에이치로 선생이 우리 영상을 보셨다니! 마음에 드셨나 봐. 눈물이 나더군요. 메리 호가 마지막에 루피 일행을 향해 '지금까지 소중히 여겨줘서 정말 고마워' 하고 말하는 장면을 읽었을 때만큼 울었습니다. 이런 일이 일어나다니! 그 사진은 지금도 제 스마트폰 앨범에 소중히 간직되어 있습니다.

이것이, 기록이 아니라 '기억에 남는 멋진 홈런'이 되어 〈갓텐! 아니메〉는 시리즈화되었고 [NHK가 최근에 시작한 〈갓텐! 아니메〉에 범상치 않은 광기를 느꼈다] 라는 제목의 기사가 실리는 등, 시청자들에게 분에 넘칠 정도의 사랑을 듬뿍 받는 콘텐츠로 성장했습니다.

기획의 '폭넓은 소재'가 개성이 된다

저는 편집장으로서 기획의 '변화 폭'을 무척 중요하게 여겼습니다. 물론 히트의 법칙을 무시하지는 않습니다. 그 법칙을 지키면서도 얼마나 다변화할 수 있느냐가 '1.5 채널'의 경쟁력이라고 믿었지요.

생활에 도움이 되는 모기 퇴치법, 마음을 따뜻하게 하는 다큐멘터리, 고퀄리티의 CG로만 제작한 영상, 그리고 광기로 번뜩이는 애니메이션 콘텐츠…. 이 폭넓은 기획 소재는 곧, 제가 너무도 좋아하는 TV라는 매체의 정체성이기도 했습니다.

TV는 그야말로 폭넓은 콘텐츠의 집합체이니까요. 리모컨 버튼을 톡 누르기만 하면 뉴스, 버라이어티, 스포츠, 교육, 그리고 애니메이션과 드라마 등 다양하고 폭넓은 콘텐츠가 화면에 넘쳐 흐릅니다.

한편, 인터넷 세계에는 '필터 버블filter bubble'이라는 말이 있습니다. 이것은 '버블(거품)에 둘러싸인 것처럼 자신이 보고 싶은 정보밖에 보지 못하게 되는 필터가 끼워진 상태'를 가리킵니다. 검색 사이트 등의 알고리즘에 의해 우리는 자신의 관심과 취향에 맞는 정보를 추천받습니다. 효율적이고 편리하지만 알고리즘에만 의지하게 된다면 시시하지 않을까요?

그래서 서점에서도 책 표지를 둘러보다가 계획에 없던 책을 무심코 사게 되듯이, 심심해서 TV를 켰을 뿐인데 무심코 채널을 이리저리 돌리다가 한 프로그램에서 멈춰 끝까지 보게 되듯이, 그런 사고 같은 경험을 인터넷 세계에도 끌어들이고 싶다는 생각이 들었습니다.

'1.5 채널'이 바로 그 결과입니다. 이 채널의 생명이 TV 방송과 같이, 폭넓은 소재에 있다는 것을 깨달았지요. 인터넷상에서는 이전에 없던 가치를 보여주었기에 이목을 끌었고, 영상 업로드를 기다리는 팬을 몇만 명이나 얻게 되었습니다.

가만히 있으면 팬은 생기지 않을뿐더러, 관심을 보이지도 않습니다. 그래서 저와 팀원들은 콘텐츠를 최우선으로 하고, 그 콘텐츠에 어울리는 미디어를 객관적으로 판단했습니다. 그리고 나서는 재미있는 내용을 재미있는 형태로 전달하려 애쓰고, 기록 또는 기억에 남는 만루홈런을 목표로 매일 꾸준히 업로드해 700편 이상의 영상을 보유하고 있습니다.

결과가 모든 것을 보여줍니다. 채널을 시작한 지 1년 남짓 지났을 무렵에는 어떤 동영상을 올려도 보통 1퍼센트 정도인 참여율이 10퍼센트를 넘어 몇천, 때로는 몇만의 '좋아요'와 '공유'를 이끌어냈습니다.

영상을 올리면, 팬들이 기다렸다는 듯이 바로 반응을 해줍니다. 무라카미 하루키 씨에게 미치려면 한참 멀었지만 저희 나름대로 '행복한 양방향'의 경로를 갖추게 되었습니다.

그 후 '1.5 채널'은 문화청 미디어 예술제의 엔터테인먼트 부문에서 수상하고, 또한 일본 최고봉으로 일컬어지는 광고상의 하나인 'ACC® 도쿄 크리에이티비티 어워즈ACC TOKYO CREATIVITY AWARDS'에 입상하는 등 당초의 예상을 훨씬 뛰어넘는 대성공을 거머쥐었습니다.

㊳   All Japn Confederation of Creativity. 일본 산업의 진흥과 문화·예술 향상에 기여하는 것을 목적으로 설립된 단체

6장

태도

어설픈 프로보다
'열광하는 아마추어'

기획에 관해 마지막으로 전하고 싶은 말은 '태도'입니다. 이 '태도'는 기획, 표현, 실현, 전달, 모든 과정에 공통으로 요구되는 요소입니다.

치매, 암, LGBTQ, 럭비… 어떤 주제의 프로젝트를 앞두고서라도 '이 주제에 어떤 태도로 마주할 것인가?' 하고 스스로 묻곤 합니다. 기획을 마주하는 '태도' 하나로 그 기획은 탄탄해지기도 하고 형편없이 흔들리기도 하니까요. '태도'를 조금 더 쉽게 표현하면, 자신이 소중하게 여기는 '가치관'으로 바꿔 말할 수 있습니다.

모든 판단, 표현, 행위의 근본에는 반드시 가치관이 존재합니다. 선거를 예로 들자면, 어떤 사람에게, 어떤 정당에 표를 줄 것인가. 그것을 결정하는 요소는 정책 또는 인품일 수도 있고 어쩌면 연령이나 젠더일지도 모릅니다. 별생각 없이 투표했다거나 투표하지 않은 행위도 포함해서 선거라는 주제를 마주하는 방식이나 태도에는 저마다의 가치관이 반영되기 마련입니다.

그리고 이 가치관은 하루아침에 만들어지는 것이 아니지요. 이미지를 떠올리자면 지하수에 가깝습니다. 비가 내려 산과 숲의 땅속에 스며들고 겹겹의 지층을 통해 여과되어 몇 년, 몇십 년이라는 세월이 흘러야 지하수가 형성된다고 합니다.

날마다 다양한 정보를 접하면서 생각하고 생활하는 동안 우리에게는 조금씩 '가치관'이라는 이름의 지하수가 만들어집니다. 이 가치관이 프로젝트를 밀고 나가는 데 버팀목이 됩니다.

제가 어떤 가치관을 가지고 어떤 자세로 프로젝트를 준비했는지, 앞으로의 시대에 특히 필요하다고 여기는 다음 세 가지 태도에 관해 이야기하겠습니다.

☺ '니와카 팬' 여러분, 어서 오세요

☺ 대답이 아니라 '질문'을 중요하게

☺ 어설픈 프로보다는 '열광하는 아마추어'로

'니와카 팬' 여러분,
어서 오세요

잘 모르지만 팬입니다

"'니와카' 님, 어서 오세요!"

이것은 제가 어떤 프로젝트에서도 절대적이라고 해도 좋을 정도로 중요하게 여기는 태도입니다. 프로젝트를 시작할 때, 그 과제나 주제에 깊이 정통한 핵심 인물뿐만 아니라, 아직 자세히는 모르지만 이제 막 관심을 갖기 시작한 정도의 '일시적이고' '새로운' 사람이 많이 모여준다면, 가장 이상적입니다.

평범한 사람이라도 셋이 모이면 훌륭한 지혜가 나온다는 말이 있는데, 세 사람이 아니라 열 명이든 100명이든 좋습니다. 가능한 한 많은 사람과 어울려 함께 일하는 것은 즐거운 일입니다. 여러 사람의 지혜와 기술, 인맥, 돈, 뭐든지 모이다 보면 지금껏 본 적 없는 풍경이 눈앞에 펼쳐져 있기도 합니다.

제가 이러한 이치를 절실히 깨닫게 된 계기는 2019 럭비 월드컵 일본대회로, 100만 명 가까이 모여 '니와카 팬'이라는 말을 만들어낸 〈마루노우치 15초메 프로젝트〉를 소개하겠습니다.

"영화관이 있으면 어떨까요?"
"좋아요, 만들어볼까요?"

〈마루노우치 15초메 프로젝트〉는 럭비 월드컵의 스폰서가 된 미쓰비시지쇼와 함께한 프로젝트입니다. '마루노우치 15초메'의 '15'는 럭비가 한 팀에 15명으로 구성되는 데서 유래된 것입니다. 실제 도쿄 마루노우치의 거리 주소는 3초메까지밖에 없습니다. 그러므로 '마루노우치 15초메'란 웹상에만 존재하는 가상의 거리입니다.

가상이기에 이 거리에는 온갖 시설이 갖춰져 있습니다. 영화관, 미술관, 식당가, 그리고 비즈니스스쿨 등 아주 다양하지요. 웹상에 존재하기에 진행도 빠릅니다. 누군가 "영화관이 있으면 어떨까요?" 하고 제안하면 "좋네요, 만듭시다"(결단까지 5초) 하고 답하는 식입니다.

이제 여기부터가 중요합니다.

마침 미쓰비시지쇼는 마루노우치 영역을 중심으로 많은 상업 시설과 장소를 실제로 소유하고 있어서, 이 가상 공간의 시설을 현실에서 구현해 보자는 의견이 나왔습니다. 다만 이 경우에는 웹상에서와 달리 일이 무척 복잡해져서 "영화관을 실제로 만듭시다" "아, 실제로요?…… 음, 해볼까요?"(실현까지의 예상 기간은 2개월) 하는 식으로 전개될 겁니다. 저희는 자주 이런 이야기를 나눴습니다. "이거… 가상의 거리에서 시작된 실제 이야기지요?" 하고 말입니다.

특히나 월드컵이나 올림픽, 패럴림픽은 승인을 얻기 위한 과정이 엄격합니다. 하고 싶은 일이 있어도 넘어야 하는 높은 벽이 끊임없이 나타나 한 가지를 기획해서 실행하기까지 스무 가지, 서른 가지 장벽에 가로막혀 있는 느낌입니다. 솔직히 진척시키기 어렵겠다고 생각한 적도 여러 번 있었습니다.

하지만 모두 기우였습니다. 미쓰비시지쇼 럭비 월드컵 2019 프로젝트 추진실(통칭 럭비실) 분들이 모든 난관을 하나하나 해결해 모든 상상을 실현했으니까요.

영화관을 예로 들면, 과거 월드컵 영상을 사용할 수 있는 권리를 어렵사리 확보해서 관람하고 나면 가슴이 뜨거워지는 영화를 제작했고, 마루노우치빌딩 내 홀에서 상영회를 가졌습니다. 당시엔 몰랐지만, 이런 행사는 전례 없는 시책이어서 많은 조정이 필요했지요. 하지만 럭비실 멤버들이 관계 각처와의 업무 협의를 거듭한 끝에, 마침내 「바이 더 럭비BY THE

RUGBY」라는 전 여섯 편의 시리즈를 상영할 수 있었습니다.

1편을 상영했을 때의 일은 잊을 수가 없습니다. 영화관 관장으로 카피라이터이자 에세이스트인 이토이 시게사토糸#重里 씨를 모셨고, 전 일본대표 럭비 선수 고로마루 아유무五郎丸步 씨를 손님으로 초청해 근사한 홀에서 상영했습니다. 상영이 끝나고 관내에 불이 들어오자 많은 관객이 눈물을 흘리고 있었지요.

영화를 보고 나면 럭비가 좋아질 수밖에 없는, 가슴이 뜨거워지는 영화만을 상영하는 영화관을 만들자는 바람에서 시작된 '마루노우치 15초메 영화관'. 관객들의 모습을 보고 저도 그만 가슴이 울컥하고 말았습니다.

'니와카 팬이 최고'인 거리 만들기

"니와카 팬이 최고겠는데요?"

영화관 관장을 맡아준 이토이 시게사토 씨가 첫 미팅 때 한 말입니다. 이 말을 들은 순간, 저는 벼락을 맞은 것 같았습니다. 저희도 생각하고 있었지만 말로 표현하지 않았던 부분을 한마디로 짚어준 것 같아 크게 놀랐지요.

이토이 씨가 말하길, 니와카 팬을 환영하고 니와카 팬을 대우하면 그 장소에는 자꾸 새로운 사람이 모여들어 활기를 띤다는 것이었지요. 히로시마현의 프로야구단 도요 카프의 여성 팬이 좋은 예라고 하면서 말입니다.

맞는 말입니다. 니와카 팬을 우습게 보고 배제했다가는 새로운 움직임을 일으킬 수 없습니다. 이건 럭비뿐만 아니라 수많은 사회 과제에도 공통되는 이야기입니다. 세상 사람들 대부분은 니와카 팬이니까요. 그 사실을 잊어서는 안 됩니다.

그런데도 우리는 사람들이 관심 가져주기를 바라면서 막상 니와카 팬이 다가오면 "더 공부하고 나서 오세요!" 또는 "여긴 그렇게 만만한 세계가 아니라고!" 하고 일갈하곤 합니다.

그러다가는 모처럼 찾아준 사람들이 다 도망가버리고 맙니다. 한번 그런 분위기로 인식되고 나면 새로운 사람은 다가오기가 점점 어려워집니다.

그러고 보니 제가 처음 럭비 경기를 보던 날도 그런 일이 있었습니다(레전드 다카다 신사쿠 씨에게 "어느 쪽이 일본대표팀이죠?" 하고 물었던 그날 말입니다).

제가 레전드 다카다 씨와 앉은 좌석에서 다섯 줄 정도 앞쪽에 신경 쓰이는 아저씨가 앉아 있었습니다. 팔짱을 끼고 가만히 운동장을 응시하고 있는 듯했습니다. 등 너머로이긴 하지만 범상치 않은 기운이 느껴졌지요. 그 등만 보고도 주눅이 든 저는 '아, 어떡하지…… 팔짱을 끼는 게 좋을까? 운동장을 노려보는 게 자연스러울까?' 하며 조마조마한 마음으로 시합을 지켜보고 있는데 갑자기 그 아저씨가 호통을 치기 시작했어요.

"어이, 심판! 어딜 보고 있는 거얏!! 멍청이 같으니라고!!!"

무, 무서웠습니다. 그렇게 소리치지 않아도 되잖아요. 그리고 심판은 아무리 봐도 외국인이라 일본어는 못 알아들을 게 분명했죠. 그렇게 열 올리지 않아도 될 텐데.

아니나 다를까, 곧 그 아저씨 주변의 분위기가 점점 경직되는 게 느껴졌습니다. 그 자리에는 저와 마찬가지로 럭비를 처음 보러 온 사람도 있을지 모릅니다. 그들이 '럭비는 무서운 스포츠구나!' 하는 인상을 받는다면 얼마나 안타까운 일일까요. 그 아저씨도 틀림없이 럭비를 사랑하고, 럭비의 매력을 더 많은 사람에게 알리고 싶은 마음에서 그렇게 행동했을 거라고 짐작합니다.

일본에 럭비 월드컵 시즌이 다가오고 있었습니다. 모처럼의 축제이지요. 공식 슬로건도 '4년에 한 번이 아니다. 평생에 한 번이다'라는 문구를 내걸었고요. 평생에 한 번이라면, 모두 마음껏 즐기고 싶지 않겠어요? 고함을 쳐서 주위 사람들을 불안하게 할 때가 아니었지요. 이날의 광경은 제 마음속에 깊게 새겨졌습니다. 그리고 월드컵이 열리기 전까지 이 장면을 완전히 뒤집어놓고 싶었습니다.

이토이 씨의 말이 마음을 강렬하게 울린 까닭은 바로 이

때문이었겠지요. 이토이 씨의 '니와카 팬이 최고'라는 말에는 신비로운 따뜻함이 담겨 있었습니다.

지금은 럭비에 대해 그다지 자세히 알지 못해도, 혹은 흥미를 느끼거나 좋아하게 된 것은 아주 최근의 일일지 몰라도, 함께 즐길 수 있다면 좋지 않겠어요? 니와카 팬이면 뭐 어떻습니까. 이토이 씨와 이야기하고 나서 저와 럭비실 멤버들은 곧장 '니와카 팬이 대접받는 거리 만들기'를 목표로 하자고 결정했습니다. 니와카 팬이라는 말을 사용하기 시작한 것도 이 무렵입니다.

이벤트를 할 때마다 계속 외쳐왔고 그 기세를 이어 [니와카라서 미안해요] 라는 문구가 인쇄된 굿즈도 대량으로 제작했습니다(이것도 이토이 씨가 "먼저 '미안해요' 하고 사과해 놓으면 대체로 다 잘 풀립니다"라고 한 말을 듣고 만들었습니다).

마루노우치 15초메에 만든 것은 영화관뿐만이 아닙니다. 미술관에서는 과거에 럭비를 했던 세계적인 아티스트 15명이 럭비 공을 모티브로 한 작품을 만들었습니다. 저는 이 기획을 통해 지휘자 오자와 세이지 씨小澤征爾(세이조가쿠엔 중학교 럭비부 오른쪽 프롭)와 구마모토현을 상징하는 캐릭터 구마몬을 디자인한 미즈노 마나부 씨水野学(다마 미술대학 럭비부 스탠드오프), 세계적인 건축가인 반 시게루 씨坂茂(세케이 고교 럭비부 넘버 에이트)가 럭비를 했었다는 사실을 처음 접했습니다. 이런 거장들이 흔쾌히 참가해 주다니 믿을 수가 없었지요.

식당가에서는 마루노우치 지역의 음식점에 제안해 럭비라는 단어와 조합한 '러거면'을 만들어 달라고 부탁했습니다. 그러자 무척 열의를 보이며 20여 개의 점포가 참가해 주었습니다. 뉴질랜드 대표팀의 애칭인 '올블랙스'를 이용해 먹물 오징어 파스타를 '올블랙 야키소바'라고 이름 지어 파는 가게가 생기는 등 가슴이 마구 설레는 거리가 완성되었습니다.

니와카 팬의 성지가 탄생하다

그리고 마침내는 럭비실 팀장이 "신사神社를 만들고 싶어요. 거리에는 신사가 있어야 자연스럽잖아요" 하고 의견을 내서 정말로 신사를 만들었습니다. 교토시의 세계유산 '시모가모 신사下鴨神社'와 상담을 거듭해 신사 경내에 있는, 럭비와 관계가 깊은 '사와타샤雜太社'의 신을 기리기로 했습니다. 럭비를 통해 생긴 사람과 사람 사이의 인연, 그것을 럭비공 형태에서 따와 '타원의 인연'이라고 이름 붙이고 승리와 만남의 인연을 엮어주는 '마루노우치 럭비 신사'를 건립했습니다.

니와카 팬 한 사람이라도 더 〈마루노우치 15초메 프로젝트〉를 통해 럭비의 매력을 접할 수 있으면 좋겠다고, 함께 럭

비 월드컵에 활기를 불어넣으면 좋겠다고, 그런 간절한 소
망을 담아 추진한 결과 많은 인연이 생겼습니다. 어느새 약
200개의 기업과 단체가 프로젝트에 참가하고 1년 반 사이에
크고 작은 규모를 합쳐 180개가 넘는 기획을 창출했지요.

그리고 2019년 9월 20일, 럭비 월드컵 개막과 동시에 믿
을 수 없는 광경을 목격하게 됩니다.

거리는 사람들로 넘쳐나고 있었습니다.

퍼블릭 뷰잉[39] 회장에는 사람들이 미처 다 들어가지 못
할 정도 많은 인파가 밀려들었습니다. 마루노우치 럭비 신사
는 온종일 참배객이 끊이지 않을 정도로 최고 인기 장소가
되었고, 에마絵馬[40]에 뜨거운 응원 메시지를 적는 사람으로 넘
쳐났습니다.

게다가 내부에서는 할 수 있는 일은 모두 해보자는 열기
가 더해져, 가공의 거리이지만 여행정보지 『루루부』와 컬래
버레이션해서 마루노우치 15초메의 볼거리와 즐기는 방법
을 정리한 관광 가이드북을 만들었는데 여기에도 예상 밖의
호평이 쏟아졌습니다.

'럭비' 하면 '가로줄무늬 셔츠' 밖에 떠올리지 못하는 완

---

[39]　거리에 대형 스크린을 설치해 함께 경기를 관람하는 방식
[40]　절이나 신사에 소원을 적어 걸어놓는 나무판

전 초짜의 발상으로부터 '#가로줄yeah'라는 콘셉트가 탄생했고, 가로줄무늬 옷을 입고 그저 즐기면 되는 분위기를 형성, 마루노우치 지역을 가로줄무늬로 물들이기도 했습니다. 이 또한 거리에 활기를 불어넣는 데 큰 역할을 했습니다.

그리고 일본 대표팀의 승승장구와 더불어 거리는 한층 더 뜨거운 열기를 더해갔고 저희도 그에 질세라 새로운 기획을 더했습니다. 이렇게 빠른 시일 내 기획을 실현할 수 있었던 기반에는 1년이 넘도록 신뢰 관계를 구축해 온 기업과 개인이 많이 있었기 때문입니다.

퍼블릭 뷰잉 장소에는 일본 대표팀의 경기가 열리면 새벽 3시부터 줄을 서는 사람도 있었고 신사에는 총 14만 명에 이르는 참배객이 찾아오는 등 관광지 못지않은 인기를 누렸습니다. 어느 사이엔가 마루노우치 지역은 '럭비 니와카의 성지'라고 불리고 있었습니다.

프로젝트가 좋은 평가를 받아서인지, 럭비 월드컵이 끝난 후 12월에 열린 일본 대표팀의 퍼레이드도 마루노우치에서 개최되었고, 5만 명이나 되는 인파가 길가를 가득 메웠습니다. 최종적으로 100만 명에 가까운 인원이 럭비 월드컵을 인연으로 찾아왔는데, 이 정도까지 엄청난 성과를 얻으리라고는 아무도 상상하지 못했습니다. 물론 저도 그랬고요.

틀리지 않았다는 믿음으로

니와카 팬에게 정보와 가치를 전달하기까지는 굉장히 오랜 시간이 필요합니다. 보통 일이 아니었지요.

럭비 월드컵까지의 1년 반. 엄청난 시간과 노력을 들이고 정성껏 교섭과 조정을 거듭해 겨우 기획을 실현해도 크게 화젯거리가 되는 경우는 거의 없었으니까요. 럭비 종목이 주목받지 않던 시기여서 무엇을 해도 화제를 불러모으기가 어려울 거라 예상은 했지만, 한동안 화제가 되지 않아서 꽤 고전했습니다. 사막에 물을 뿌리는 것 같았지요.

그래도 우리가 하고 있는 일이 결코 틀리지 않다고 믿었습니다. 고민하고 주저하는 순간은 수없이 있었지만 그래도 니와카 팬을 환영하자는 태도를 잃지 않고 가능한 한 많은 사람이 참가할 수 있는 기획을 계속했습니다. 설령 열 명, 스무 명밖에 모이지 않는 기획이라도 럭비의 즐거움을 알게 되는 사람이 한 명이라도 늘어나면 좋겠다는 마음으로요.

때로는 럭비실 멤버들에게 "오구니 씨, 이대로 괜찮을까요……?" 하는 우려의 말도 들었습니다. 그럴 때마다 "지금은 힘들지만 처음에는 져주는 게 결국 이기는 겁니다. 월드컵이 시작되면 단번에 대역전될 거예요" 하고 웃으며 대답했지만, 제가 말하고도 '진짜 그럴까?' 반신반의했지요.

그런데 진짜였습니다. 물론 대표팀이 멋지게 활약해 주

었기에 열기가 달아오른 것이라는 말도 있습니다. 정말 맞는 말입니다. 만약 일본대표팀이 이기지 못했다면…… 상상만 해도 오싹합니다.

하지만 저희는 1년 넘는 시간을 공들여, 대표팀의 승패와 관계없이 사람들이 '그래도 럭비는 재미있구나' 하고 생각할 수 있을 만한 세계를 조금씩, 그야말로 진짜 거리를 만들듯 꾸준히 만들었습니다.

마루노우치 15초메는 가공의 거리였지만 주민으로 등록할 수 있는 페이지를 만들었는데 월드컵이 시작될 무렵, 그 등록자 수가 2만 명을 넘어섰습니다.

니와카 팬, 골수 팬, 스폰서까지 모두가 '한 팀'

유행어 대상으로도 뽑혔던 '한 팀ONE TEAM'이라는 말이 있었는데, 〈마루노우치 15초메 프로젝트〉에도 바로 그런 감각이 있었습니다. 니와카 팬도 골수팬도, 미쓰비시지쇼 사람들도, 그렇지 않은 사람도 모두 하나가 되어 마음을 다해 에너지를 태워보자는 기개를 모았습니다.

이전까지 저는 럭비를 해본 적도 없고 경기를 본 적도 없었습니다. 하지만 '어쩌면 럭비는 이런 건지도 몰라, 스크럼을 짠다는 건 이런 감각일까?' 하고 착각할 정도로 뜨겁고 깊게 럭비에 빠져들었습니다.

저는 마루노우치빌딩에서 열린 퍼블릭 뷰잉을 이토이 씨와 나란히 앉아서 봤는데, 회장은 사람들로 가득 차 있었지요. 상대편이 공격해 들어오면 손에 땀을 쥐었고 실점을 하면 하늘이 무너질 듯 탄식했으며, 대표팀이 공격해 들어가 트라이를 성공시키면 하이파이브를 했습니다. 승리의 순간에는 힘껏 허그를 나누면서 기쁨을 폭발시켰습니다.

제가 처음 본 럭비 관전석과는 전혀 다른, 멋진 광경이 그곳에서 펼쳐지고 있었습니다.

눈앞에서 가로줄무늬 셔츠를 입은 채 끌어안고 있는 사람들을 보면서, 저는 니와카 팬을 환영하는 이 태도를 어떤 프로젝트에서도 반드시 소중하게 여기겠다고 맹세했습니다.

마루노우치빌딩에서 시행된 퍼블릭 뷰잉 광경

태도 2

대답이 아니라
'질문'을 중요하게

'질문'은 답변보다 생명이 길다

오늘날 중요해진 것은 단연 '질문'이라고 생각합니다. 질문은 답변보다 생명이 길고, 시대 상황에 그다지 좌우되지 않기 때문이지요.

가령 지금부터 약 2500년 전에 활약하던 고대 그리스의 철학자 소크라테스는 "더 잘 살기 위해서는 어떻게 해야 할까?" 하고 자신에게도 사회에도 계속 물었다고 합니다. 그 질문에서 이끌어낸 것이 그 유명한 '무지無知의 지知'라는 말입니다. 자신이 알지 못한다는 사실을 자각하는 데서 진정한 배움이 시작되고 그러한 탐구 자세야말로 자신의 인생을 깊고 풍요롭게 한다는 뜻이지요.

그리고 무대는 80년 전 일본으로 넘어갑니다. 요시노 겐자부로吉野源三郎 씨가 『그대들, 어떻게 살 것인가』라는 책을 출간했습니다. 이 책은 열다섯 살 소년 코페르와 그의 외삼촌

이 사물을 보는 방법과 사회의 이상적인 모습에 관한 대화를 나누는 형식을 취한 문학작품입니다. 25년도 더 지난 중학교 수업시간에 읽었을 때는 솔직히 재미있는지 없는지도 잘 몰랐는데, 5년쯤 전에 만화로 출간되어 판매 부수가 200만 부를 넘어서는 대히트를 기록하고 큰 반향을 불러일으켰습니다. 미야자키 하야오 감독이 2023년 7월 공개 예정인 작품의 제목도 여기서 따온 「그대들, 어떻게 살 것인가」라고 합니다.

'더 잘 살기 위해서는 어떻게 해야 할까?,' '당신은, 나는 어떻게 살 것인가?' 하는 질문은 시대를 초월합니다. 그러는 동안에 전쟁도 일어났고 역병도 돌았으며 지금보다 더 혼란스럽고 어지러운 상황도 수없이 있었을 것입니다.

그래도 이 질문은 조금도 변함없이 사람들에게 계속해서 던져지고 있습니다. 더욱이 재미있는 건 소크라테스도 요시노 겐자부로도, 그리고 미야자키 하야오도 똑같은 질문을 마주했지만 그들의 답과 표현은 전혀 다르다는 점입니다. 저도 같은 내용의 책을 읽었음에도 중학생 때와 어른이 되고 나서는, 내놓은 답이 완전히 다르니 말입니다.

시대에 따라서, 국가나 사회의 모습에 따라서, 개인이 놓여 있는 상황에 따라서 '답'은 모습을 바꿔가지만 '질문'은 보편적인 것이 많습니다.

'질문'의 가능성

질문의 가능성을 깨닫게 해준 것은 프로그램을 만들지 않는 연출가 시절에 기획한 '테레비크루TV Crew'라는 스마트폰용 앱입니다(2021년 3월에 서비스 종료).

한마디로 말하면 '누구나 TV 카메라맨이 될 수 있는' 동영상 촬영 앱입니다. 앱을 다운로드하면 미션이 도착합니다(예를 들어, 당신만 알고 있는 가장 좋은 장소를 촬영해 주세요 등). 사용자가 그에 걸맞은 동영상을 촬영해서 보내면 그 영상 가운데 선별해 NHK 방송프로그램에 활용하는 그런 구조입니다.

처음 아이디어가 떠오른 때는 2016년 가을 무렵이었습니다. 저는 어렴풋이 '사용자들이 찍은 영상을 보다 더 활용할 방법이 없을까' 하고 궁리했습니다. '1억 명 전 국민이 발신하는 시대'라고들 할 정도로 누구나 SNS와 유튜브에 영상을 올리고 있고, 스마트폰 카메라의 성능도 방송에 충분히 사용할 만큼 고화질이어서 스마트폰을 1억 대의 카메라라고 생각하면 엄청난 가능성이 있다고 생각했던 것이지요.

그래서 떠올린 것이 '테레비크루'라는 앱 기획입니다. 다만 이 기획은 좀처럼 통과되지 못했습니다. 아이디어로서는 재미있지만 '아마추어들이 촬영한 영상으로 방송 프로그램을 만들었을 때 진짜 재미있는 결과물이 나올까?' 이에 대한 답을 확신할 수 없었기 때문입니다. 저조차 솔직히 자신이 없었습니다.

"국민 모두가 카메라맨이 될 수 있어요! 분명 재미있을 겁니다"라고 말만 한다고 해서 제안을 통과시킬 수는 없습니다. 그래서 실제로 어떻게 되는지를 검증해 보기로 하고 앱의 프로토타입을 만들어 몇 가지 기획을 시도했습니다. 그랬더니 이 앱의 넘쳐나는 가능성을 발견할 수 있었습니다. 외국인 30명에게 '테레비크루'의 프로토타입판 앱으로 일본의 새해 풍경을, 중학교 3학년생에게 졸업식까지의 마지막 일주일을 찍어 달라고 부탁했습니다. 그렇게 해서 모은 몇백 개나 되는 영상 소재를, 최고 실력파의 영상 감독들이 작품으로 제작하기로 했습니다. 그랬더니 엄청난 작품이 꼬리를 물고 탄생했습니다.

저에게는 너무도 당연해서 그냥 지나치기 쉬운 일본의 설날 풍경이지만, 외국에서 온 지 얼마 안 된 사람들 눈에는 그 풍경들이 무척 신기하게 비치겠지요.

복주머니福袋[41]를 사려고 매장에 모여드는 사람들이나 네모난 나무잔에 술을 마시는 사람들, 새해 첫 참배와 쭈욱 늘

---

[41] '후쿠부쿠로'라고 부르는 상품 꾸러미로, 새해 초 백화점이나 쇼핑몰 등에서 세일 가격에 판매한다. 어떤 물건들이 들어 있는지를 모른 채 구입하는 게 묘미이다

어선 포장마차, 떡방아 찧기도 연날리기도 그들에게는 전부 신선하고 재미있어 보일 겁니다. 찍고 있는 사람들이 즐거워하니까 영상은 생기로 가득 차 있습니다. 그런 영상에 경쾌한 음악을 깔아 편집하면, 다 알고 있는데도 처음 보는 것 같은 착각에 빠지게 만드는 새로운 일본의 설 풍경이 완성됩니다.

중학교 3학년 학생들의 졸업하기 전 마지막 일주일을 찍은 영상도 재미있었습니다. 감독의 손에는 시나리오가 있고 중학생들은 매일 감독이 보내는 수수께끼 같은 미션에 따라 촬영을 합니다. '매일 아침에 일어나면 시계를 촬영하세요', '아침 식사 장면을 촬영하세요', '등굣길을 걸어가는 발밑을 촬영하세요', '싫어하는 과목 수업을 촬영하세요', '자신이 가장 좋아하는 것을 촬영하세요', '휴일 풍경을 촬영하세요' 등등. 중학생들이 올리는 영상의 생동감은 굉장했습니다. 수학을 싫어하는 아이가 많구나, 아이돌의 인기는 역시 엄청나구나… 하나하나의 영상은 아무리 보고 또 봐도 질리지 않았습니다. 그리고 그들 동영상 소재가 퍼즐 조각처럼 차례로 맞아들어가 한 편의 작품이 되었을 때, 저는 전율이 느껴졌지요. 소리 높여 주장하는 메시지도 없고 거창한 주제도 없는, 평범한 중학생들의 특별할 것 없는 일상의 장면들로만 짜인 6분짜리 영상 작품에서 압도적인 리얼리티를 느껐습니다.

몇 가지 실험을 거쳐 '그래, 이걸로 전혀 다른 영상 체험을 만들어낼 수 있겠군' 하고 확신한 2017년 가을, NHK 센다이방송국의 연출가가 한 가지 고민을 상담해 왔습니다. 바로 2011년 3월 11일에 발생한 동일본대지진[42]을 소재로 한 특집 방송에 관해서였지요.

저는 이야기를 듣는 동안 동일본대지진이라는 주제야말로 '테레비크루'를 활용해 전해야겠다고 마음먹었습니다.

동일본대지진의 기억

2011년 3월 11일.

당시 저는 〈프로페셔널, 일하는 방식〉 제작팀에 소속되어 있었고 동일본대지진이 일어났을 때는 NHK 건물 10층에서 멀거니 컴퓨터 모니터를 들여다보고 있었습니다. 그런데 갑자기 강한 진동이 엄습했습니다. 처음에는 큰 지진이 왔구나 싶은 정도였지만 진동은 잦아들지를 않았지요. 마침내는 건물마저 크게 뒤흔들리기 시작했습니다. 이건 여느 때의 지진과 다르다, 이상을 감지하고는 책상 아래로 숨어 들어간 순간 책상 위로 천장이 무너져내리면서 연기가 자욱하게 퍼

---

[42] 일본 동북부 지역에 발생한 대규모의 지진과 쓰나미에 의한 재해

졌습니다. 모두 "오구니, 괜찮아?" 하고 다가왔지요. 다행히 어깨에 찰과상을 입은 정도에 그쳤습니다.

얼마가 지나 진동이 멈추었을 때 우리는 TV 화면에서 눈을 뗄 수가 없었습니다. TV에서는 동북 지역의 영상이 연이어 보도되고 있었습니다. 다리 위에서, 또는 트럭 위나 신호등 위로 기어 올라가 구조를 요청하는 사람들. 몇 장면이 바뀌었다가 다시 조금 전의 장소를 비추었을 때는 다리는 이미 거센 물결이 삼켜버렸고 그곳에 있어야 할 자동차와 트럭, 그리고 애타게 구조를 기다리던 사람들은 보이지 않았습니다. 고요한 적막이 흐르는 가운데 그저 TV에서 중계 영상과 소리만이 끊임없이 흘러나왔습니다.

한 달 후, 저는 미야기현宮城県 오나가와초女川町로 갔습니다. 〈피해지로부터의 목소리〉라는 프로그램 취재를 위해서였습니다. NHK 센다이 방송국에서는 지진이 일어난 뒤 바로 이 프로그램을 신설해 '동북 지역 각지에 지금 정말로 필요한 것은 무엇인가'에 대해, 실제로 각지에 취재를 나가 주민들의 목소리를 들었습니다. 센다이 방송국의 기자와 연출가들만으로는 당연히 일손이 부족해서 도쿄와 오사카를 비롯한 전국 각지 직원들이 센다이국에 모여 번갈아가며 취재에 임했습니다.

제가 취재하러 간 오나가와초는 미야기현 북부에 있는

항구 마을입니다. 최대 14.8미터의 쓰나미가 덮쳐 주택의 90 퍼센트 가까이 피해를 입었다는, 재해율이 가장 높은 지역 가운데 하나였습니다. 한 달이 지난 거리는 괴멸 상태였지요. 체육관 같은 피난소에는 사람들을 모두 수용하지 못해, 고지대에 있어 화를 면한 절이나 료칸[43] 등으로 사람들이 흩어져 살고 있었습니다.

마을의 도로를 달리고 있는데 약간 높은 지대에 있는, 처참하게 폐허가 되어버린 철근 콘크리트 건물에서 연기가 피어오르고 있었습니다. 설마 이런 곳에 사람이 있는 건가? 하고 의아해서 가보았더니 그곳에서 여러 가족이 생활하고 있었습니다.

인사를 한 뒤 "NHK 프로그램에서 여러분의 목소리를 듣고 있습니다" 하고 취재의 의도를 전했습니다. 그러자 60대 후반으로 보이는 아저씨가 "괜찮으니까 이리 오시게" 하며 저를 맞아주셨습니다.

쓰나미가 덮쳐 창이며 문, 그리고 안에 있던 물건을 송두리째 날려버린 탓에 집은 텅 비어 있었지만 책상과 의자, 난로, 솥 같은 구호품이 도착한 듯 가지런히 정리되어 있었습니다. 아저씨는 저를 의자에 앉히고 따뜻한 커피를 건네주

---

[43] 일본 전통식 여관

없습니다.

저는 '아, 그랬지' 하고 생각했습니다. 이것이 바로 동북 지역 사람들의 예의구나, 하고 말이지요. 동북 지역에서는 손님이 찾아왔을 때 아무것도 대접하지 않는 건 부끄러운 일이라고 생각합니다. 야마가타에서 근무할 때도 취재를 나가면 대개 우선 한 시간은 그들이 내준 차를 마시고 집에서 만든 곶감이며 절임을 대접받고 나서야 취재를 시작할 수 있었습니다.

아저씨에게 받아든 커피를 마시면서 어떤 이야기를 들었는지, 어떤 순서로 카메라를 찍었는지는 잘 기억나지 않습니다. 매우 느긋한 시간 속에서 그저 그곳 사람들의 이야기에 귀를 기울였습니다. 그리고 이야기가 끝나 제가 이만 가보겠다며 자리에서 일어나자 할머니 한 분이 쫓아오며 "자, 이걸 좀 가져가요" 하면서 비닐봉지를 내밀었습니다. 그 안에는 리포비탄D[44]가 들어 있었습니다.

"별건 아니지만서두, 기운 내시라구" 하는 할머니의 말에 이어서, 옆에 있던 아저씨가 "우리도 어디선가 둥둥 떠내려온 냉장고 안에서 빌려 마셨으니까 주는 게야" 하는 바람에 모두 웃음을 터뜨렸습니다.

---

[44] 우리나라의 박카스와 비슷한 비타민 드링크

311246, 소중한 것은 무엇입니까?

이야기는 2017년으로 돌아갑니다. 앞서 인급한 센다이 방송국의 연출가와 이야기를 나누던 중, 그 연출가가 "재해 관련 프로그램을 동북 지방 사람들이 전혀 보질 않아요" 하고 한탄했습니다.

"매년 센다이 방송국은 총력을 기울여 재해 관련 특집 방송을 제작해 왔어요. 하지만 '재건이 진행되고 있다', '애 쓰고 있는 사람들이 있다', '곤경에 처해 있는 사람들이 있다', '해결할 수 없는 과제가 산더미'……. 온갖 수단을 다 써서 열심히 전하고 있는데도 왠지 틀에 박힌 프로그램만 만들고 있는 기분을 떨칠 수가 없어서요. 그게 결국은 가장 많이 봐주길 바라는 동북 지방 사람들이 외면하는 원인이 아닐까요?"

저라고 이유를 알 수 있을 리 없습니다. 다만 그 연출가의 말을 듣고 어렴풋이 약 7년 전 NHK에서 TV를 보며 느꼈던 강렬한 상실감과 무력감, 그리고 오나가와초에서 만난 사람들과의 일이 떠올랐습니다.

그날은 이야기를 듣기만 하고 헤어졌지만 한동안 머릿속에서 그의 고민이 떠나지 않았습니다. 세상에서는 지진이 일어난 지 몇 년이 지나면 이미 '지진에 대한 기억의 풍화'라는 말이 나오기 시작합니다. 마주해야 할 과제지만 매일의 생활 속에서 굳이 마주하고 싶지 않은, 시청자가 느끼는 그 심정은 저도 알 것 같았습니다.

어떻게 하면 좋을지 고민하던 때, 퍼뜩 '테레비크루' 앱이 떠올랐습니다. 저는 연출가에게 연락해 기획을 설명했습니다.

"테레비크루 앱을 사용해서 '질문'을 던지는 겁니다. 이때 질문은 단 하나면 충분합니다. '당신에게 소중한 것은 무엇입니까?' 이 질문을 전국의 시청자에게 던지고 각자가 소중히 여기는 것을 찍어 투고하게 해서 그 동영상만으로 프로그램을 만들어보시죠."

지진을 떠올렸을 때 제가 새삼 느낀 것은 '소중한 것을 어느 날 갑자기 잃을 수도 있다'는, 너무도 당연한 사실이었어요. 이것은 동일본대지진에 국한된 이야기가 아니라 한신·아와지대지진[45] 때도 그러했고 그 밖의 지진이나 폭우 같은 자연재해도, 코로나 바이러스도 마찬가지입니다. 교통사고나 회사의 도산, 질병도 다를 바 없지요. 저도 심장병 때문에 연출가라는 직업을 하루아침에 잃은 경험이 있으니까요.

하루하루의 생활 속에 있는 소중한 것을, 생각지 못한 어느 날 갑자기 잃어버릴 수도 있다는 사실을 뼈저리도록

---

[45]   1995년 1월 17일 일본 효고현의 고베시와 한신 지역에서 발생한 대지진

느끼게 해준 계기가 2011년 동일본대지진이라고 생각했습니다. 그렇다면 3월 11일은 자신에게 소중한 것을 생각하고 그걸 기록하는 날로 보내면 좋지 않을까. 그 기록을 '테레비 크루' 앱에 남기면 점차 많은 사람이 소중하게 여기는 것들이 모여, 이제껏 본 적 없는 프로그램이 완성될 거라고 생각했습니다.

기획명을 '311246 소중한 것은 무엇입니까?[46]'로 정한 뒤 바로 기획서를 썼더니 채택되어 프로그램으로 제작하기로 결정되었습니다. 기획에는 확실한 콘셉트가 있고 자신감도 있었지만, 정말로 투고가 들어올지는 실제로 해보지 않고서는 알 수가 없습니다. 그런데 전국 각지에서 순식간에 1000편이 넘는 동영상이 모여들었습니다.

부엌에서 이상한 춤을 추는 엄마, 단골 음식점에서 밥을 먹는 젊은이, 고양이가 집사의 배 위에서 잠든 모습, 입원 중인 병원의 창밖으로 보이는 산마루, 웃으면서 전력 질주하는 친구의 모습 등. 거기에는 일상생활에 존재하는, 저마다 다른 1000편의 '소중한 것'이 담겨 있었습니다.

양질의 '질문'에 참가자는 '답'을 만든다

'당신에게 소중한 것은 무엇입니까?'는 언제, 어디서나, 누구라도 생각할 수 있는 보편적인 질문입니다. 동일본대지진을 경험한 적이 없는 사람도, 오키나와 사람이든 오사카 사람이든 도쿄 사람이든, 남녀노소 상관없이 누구나 이 물음에 대해 생각할 수 있습니다.

그리고 3월 11일 오후 2시 46분이라는, 일종의 상징적인 타이밍을 의식해 이 질문을 던진 결과 기대 이상으로 많은 사람이 그 답을 제시해 주었습니다.

2018년 3월 11일. 그날로부터 7년째가 되는 해에 특집 프로그램의 첫 장면은 다음과 같은 영상으로 시작되었습니다.

아파트 지하를 걷는 누군가의 발걸음.
자신의 집 문이 찰칵 열리면 두 어린아이가 "아빠!" 하고 외치며 달려듭니다.

이 사람에게 가장 소중한 것은 아이들이구나. 이런 장면을 우리의 카메라로는 절대 찍을 수 없을 거라고 생각했습니다. 실은 저도 한 가지 투고했습니다. 제가 투고한 동영상은 '그때 할머니에게 받은 리포비탄D'입니다. 먹지도 버리지 못한 채 줄곧 냉장고 구석에 넣어두었던 리포비탄D. 우리가 던진 질문이었지만 저 자신도 잊고 있던 소중한 것을 또렷이 떠올리고 되새길 수 있었습니다.

세상을 바꿔 쓰라는 '질문'

저는 이 경험으로 '질문'을 매우 소중히 여기게 되었습니다. '해답'을 제시하는 게 아니라 어떻게 모두가 풀고 싶어 하는 '질문'을 제시할까. 미래가 불투명해진 코로나 위기 속에서 그 자세는 한층 더 강해졌을 것입니다.

2020년 7월에 실시된 〈세상을 바꿔 써라 Hack the World〉라는 이벤트가 있습니다. 이는 빌&멀린다 게이츠 재단과 NPO법인 ETIC가 함께 기획한 것으로, 'SDGs[47]를 주제로, 세계를 무대로 활동하고 있는 일본 젊은이들을 주목하는 이벤트를 열고 싶다'는 의도였는데, 가장 먼저 제 머릿속을 스친 생각은 'SDGs를 주제로, 세계를 무대로 활동하고 있는 일본 젊은이들'이라는 문장이 너무 길다는 것이었어요. 외우기도 쉽지 않고 말하기도 무척 어려우니까요.

좀 더 간결하고 임팩트 있게 표현할 수 있는 단어가 없을까 고민했습니다.

---

[47] Sustainable Development Goals. 유엔지속가능발전 정상회의에서 합의되어 2016년부터 2030년까지 시행될 지속가능한 발전을 위한 목표

저는 'SDGs를 주제로, 세계를 무대로 활동하고 있는 일본 젊은이'(역시 깁니다)로 불리는 몇 명의 젊은이들과 대화를 나누는 중에, '비전 해커Vision Hacker'라는 명칭이 떠올랐습니다.

가령 세계 최악의 분쟁지로 불리는 소말리아에서 테러 조직으로부터 빠져나온 병사의 사회 복귀 프로그램을 만들어 테러와 분쟁 없는 세계를 만드는 데 사력을 다하는 젊은이. 혹은 2030년까지 세계 빈곤층의 90퍼센트를 차지할 거라 예측되는 사하라 이남 아프리카에서 소규모 농가의 생산성을 높이고 6억 명의 소득을 증가시키려고 애쓰는 젊은이. 이러한 젊은이들과 이야기를 나누다가 극히 어려운 사회 과제에 대해 엄청난 규모의 비전Vision을 그리고 있는 그들이야말로 세계의 풍경을 해킹하려는, 즉 세상을 바꾸려는 해커 같았습니다. 그런 비전 해커들이 모이는 세상이라면 흥미로울 것 같아서 이 이벤트 제목을 〈세상을 바꿔 써라 Hack the World〉라고 이름 붙였습니다.

그것도 하나의 '질문'입니다. '세상을, 바꿔 써라'라고만 말할 뿐, 누가 어떻게 무엇을 바꿔 쓰는 것일까, 그 '해답'은 아무것도 말하지 않으니까요. 이것은 각자가 생각해야 할 과제이기 때문입니다.

거창한 꿈이 세계를 바꾼다

마침 이 무렵, 저는 조금 짜증이 치밀었습니다. 왠지 코로나로 인해 우리의 풍경이 점점 바뀌어가는 것 같은 느낌이 들었거든요. 당연시하게 된 온라인 미팅도, 긴급사태 선언도, 거리와 회사, 학교의 풍경도, 우리가 주체적으로 선택한 게 아니라 그저 주어진 풍경입니다. 대체 이게 뭔가 싶었지요.

그러다가 젊은이들 몇 명을 만났는데, 그들의 이야기를 듣는 제 마음이 너무나도 상쾌해졌습니다. 자신들이 그린 커다란 비전을 실현하기 위해 달려가고 있었습니다. 아, 그렇지, 우리에게는 세계를 뒤바꿀 힘이 있음을 새삼 깨달은 것입니다.

조금 거창한 이야기일지도 모르지만, 인류는 하늘을 날고 싶다거나 달에 가고 싶다는 그런 허황된 상상을 수없이 하며 진보해 왔습니다. 그래서 코로나가 우리의 풍경을 뒤바꾸게 내버려둘 때가 아니다, 우리의 비전으로 세상의 풍경을 바꿔보자는 생각이 들게 만드는 이벤트를 시행하고 싶었습니다.

〈세상을 바꿔 써라〉 이벤트는 본래 도쿄올림픽 개회식이 열리기로 되어 있었던 2020년 7월 24일에 개최되었습니다. 이벤트 자체는 매우 작은 규모였지만 그후 『포브스 재팬

Forbes JAPAN』에서 특집으로 다뤄지기도 하고 〈NHK 스페셜〉을 통해 전파를 타면서 조금씩 그 불씨가 커져 갔고, 최근에는 빌&멀린다 게이츠 재단과 ETIC에 의해 '비전 해커 어워드 Vision Hacker Awards'라는 차세대 리더를 지원하는 프로그램이 실시되는 등 그 정신이 계승되고 있습니다.

서포터가 된 할머니와 할아버지

2020년 12월부터 착수한 〈서포터가 되자!Be Supporters!〉라는 기획 역시도 질문을 중요하게 여긴 프로젝트 가운데 하나입니다.

이것은 축구 J리그 4개 팀과 건강식품을 판매하는 산토리 웰니스Suntory Wellness와 함께 기획하고 실시한, 그 이름대로 서포터가 되자고 호소하는 프로젝트입니다. 게다가 이번에 서포터가 되는 사람은 할아버지, 할머니입니다. 콘셉트는 '지원받는 사람에서 지원하는 사람으로!'이고요.

나이가 들어가면서 많든 적든 몸의 이곳저곳 아픈 데가 생기고 치매를 앓게 되기도 합니다. 그렇게 되면 아무래도 '지원받는' 상황이 늘어나지요. 하지만 축구에는 '서포터'라는 멋진 말이 있습니다. 경기장에 가서 응원하기만 해도 그 사람은 '서포터'라고 불립니다. 즉, 그 순간부터 '지지하는', '지원하는' 사람이 되는 겁니다.

멋지지 않나요? 평소에 다른 사람의 도움을 받으며 지원받기만 하던 할아버지, 할머니가 지원하는 쪽으로 입장이 바뀌는 것이지요.

게다가 축구의 서포터에게는 여러 가지 임무가 있습니다. 응원하기 위해 노래를 크게 부르거나 응원박수를 치고 타월이나 깃발을 흔듭니다. 선수의 이름과 간단한 규칙도 알아두는 것이 좋습니다. 그렇습니다. 눈치채셨나요? 서포터라면 발성, 운동, 인지 등 쇠퇴하기 쉬운 기능을 자신도 모르는 사이에 사용하게 됩니다.

J리그 57개 팀(2021년 기준) 가운데 카타레 도야마, 레노파 야마구치, 비셀 고베, 가와사키 프론탈레, 이 4개 팀이 동참해 주어서 함께 〈서포터가 되자!〉를 실행하기로 했습니다.

그중에서도 굉장히 재미있었던 것이 카타레 도야마 팀입니다. 카타레 도야마는 J리그에서 가장 하위의 카테고리인 J3 소속 팀이었는데, 2021년 시즌에서 경기마다 승승장구를 하면서 8년 만에 J2로 승격할 기회를 노리고 있었습니다. 그런 시기에 시작한 프로젝트입니다. 서포터가 되기 위한 프로그램은 산토리 웰니스가 개발했는데 한 사람이라도 많은 서포터의 응원이 있으면 더없이 좋을 카타레 도야마 팀이 '도야마현 전체가 한마음'을 슬로건으로 내걸고 현 내의 복지 시설에 도움을 청했습니다.

그랬더니 할아버지, 할머니들이 기대보다 훨씬 적극적으로 응해주셨습니다. 유니폼에 타월 머플러를 두르고 선글라스를 쓰고 한껏 분위기를 달아오르게 했지요. 좋아하는 포워드 선수를 응원하기 위한 부채도 직접 만들었습니다.

대단하지요, 이 서포트 정신. 처음에는 복지시설 관계자들도 걱정이 많았다고 합니다.

"도야마현에서는 프로야구와 스모가 대세여서 할아버지 할머니들은 축구에 통 관심이 없어요. 최근에는 한 씨름 선수가 큰 인기를 얻고 있어서 더군다나 축구는 보지 않을 겁니다" 하고 무척 불안해했습니다. 네, 잘 압니다. 저도 그랬으니까요.

하지만 결과는 성공적이었습니다.

96세의 한 할머니는 간병 필요 5등급으로, 몸져눕기라도 하면 어쩌나 하고 시설 직원들도 꽤 걱정했는데, 도리어 서포터가 되신 뒤 아주 건강해졌다고 합니다. 응원 부채를 만든 할머니는 늘 자신감이 없고 불안하다는 말을 달고 살았는데 지금은 그 선수가 너무 좋아서 부채를 가만히 들여다보기만 해도 굉장히 가슴이 설렌다고 하고요.

누군가를 응원하면서 자신도 점점 건강해집니다. 도야마 방언으로는 몸도 마음도 건강해지는 것을 '기토기토'라고 말하는데, 기토기토한 할아버지와 할머니가 계속 늘어났습니다.

저희는 세세한 부분에 대해서는 아무 말도 하지 않습니다. 〈서포터가 되자!〉라는 메세지만 던져주었을 뿐입니다. 방법이라든지 서포터로서 무엇을 할지는 본인들에게 맡겼습니다. 이것 또한 하나의 '질문'이라고 생각합니다. 그렇게 했더니 저희의 예상을 가볍게 뛰어넘는 다양한 '답'을 할아버지, 할머니들이 내준 것이지요.

코로나의 영향으로 경기장에 가기는커녕, 복지시설로 가족이 찾아오는 일조차 불가능했던 시기입니다. 사회와의 연결 고리가 점점 끊어져 가던 중에, 할아버지 할머니와 그 지역의 축구팀이 응원이라는 행위를 통해 이어집니다. 어느 한쪽만이 지지하거나 지원을 받는 것이 아니라, 서로를 지지하고 지원받는 유대관계가 형성됐지요.

2021년 12월 5일. 카타레 도야마는 J3 가운데 4위의 성적으로 시즌을 마감했습니다. 아쉽게도 염원하던 J2 복귀는 이루지 못했지만 그 뒤편에서는 형용할 수 없이 뜨거운 물결이 일렁인 것이지요.

〈서포터가 되자!〉 프로그램에 참가한 할아버지, 할머니는 1년 만에 1000명을 넘어섰고 최고령자인 98세 서포터도 탄생했습니다. 게다가 산토리 웰니스와 J리그는 2022년부터 파트너십 계약을 체결하고 프로젝트의 영역을 전국 각지로 넓히기로 결정했습니다.

어느 날 〈서포터가 되자!〉를 함께 진행하는 멤버가 "우리의 미래를 만드는 일이군요"라고 표현했습니다. 정말로 그렇구나 싶었지요.

응원에서 가장 동떨어져 있다고 생각했던 할아버지, 할머니들이 누군가를 지지하고 누군가의 힘이 되는 서포터가 되어갑니다. 몇 살이 되든, 어떤 상태에 놓이든 그곳에서 시작할 수 있는 일은 얼마든지 있고, 일상 속에서 두근두근 가슴 설레는 일이 넘쳐난다면 더할 나위가 없지요.

도야마의 어느 할머니가 경기를 관전한 뒤 "나, 축구가 좋아졌나 봐" 하고 뺨을 불그스레 물들이며 중얼거리는 모습을 보면서, 그 모습이 할머니가 내준 최고의 '답'이라고 생각했습니다.

태도 3

'어설픈 프로'보다는
'열광하는 아마추어'로

유튜버는 시시하다고 생각했다

제가 중요하게 여기는 세 번째 태도는 '어설픈 프로'보다 '열광하는 아마추어'로 남는 것입니다. 새로운 일을 꾸릴 때 대개 방해가 되는 것이 '어설픈 프로'들입니다. 어설픈 프로의 존재는 때로 순수한 기획자의 의도를 뭉개버리는 탓에 매우 골치 아프거든요.

여러분 주위에도 있지 않나요? 업계의 방식이나 규칙을 알고 있다는 이유로 아마추어가 뭔가에 도전하려고 하면 거만한 표정으로 "그런 방법으로는 잘되지 않아", "상식도 모르는 초짜 주제에" 하고 참견하는 사람 말입니다.

네, 바로 접니다. 5~6년 전의 저는 바로 그런 말을 서슴없이 내뱉곤 했습니다.

아직 제가 활발히 NHK에서 일하던 때의 일입니다. 느닷없이 '유튜버'라고 불리는 사람들이 나타나 엄청나게 인기몰

이하는 바람에 저도 모른 척할 수 없었습니다. 영상물을 다루는 사람으로서 한 번은 봐야겠다는 생각이 들어 찾아 보았는데, 실제로 보고 나서 솔직히 '으악, 형편없는 콘텐츠잖아' 하고 생각했습니다.

'성냥개비 1000개를 모아서 문지르면 어떻게 될까?'와 같은 콘텐츠의 어디가 재미있다는 건지 전혀 모르겠더군요. NHK에서 방영하는 〈대과학실험〉을 보세요, 호소하고 싶은 마음이었지요. 정말로 대단한 실험을 진지하게 하고 있으니까요.

그밖에도 '장난감 상자를 개봉하기만 하는 영상으로 연수입 20억 엔 벌기'라는 제목을 보고는 속으로 '적당히들 하시죠' 했습니다. 〈클로즈업 현대〉나 〈NHK 스페셜〉을 보시라니까요, 하고 말입니다. 더 좋은 사회를 만들려고 필사적으로 취재하는 프로그램들이 있다고요.

저는 유튜버가 만드는 콘텐츠를 보고 절반은 확신했습니다. '이렇게 쓸모없는 콘텐츠, 얼마 못 가 사라질 거야'.

그리고 역시 콘텐츠란 나처럼 제대로 된 훈련과 경험을 쌓은 프로가 만드는 거라고 생각하며 묘한 우월감을 느끼고 있었지요. 하지만 당치도 않은 착각이었던 것입니다.

제가 어떻게 생각하든 유튜버가 만드는 영상은 잇달아 화제가 되었고 그 기세는 멈출 줄을 몰랐으며, 어느새 유튜버는 초등학생들이 '되고 싶어 하는 직업' 1위를 차지했습니다. NHK 연출가가 되고 싶어! 하고 말하는 초등학생은, 아마도 없지 않을까 하는 생각이 들었을 때 비로소 저 자신이 엄청나게 '어설픈 프로'였다는 사실을 자각했습니다. '프로페셔널, 나의 방식' 앱을 만들고 있던 시기였기에 나름대로 저 자신은 객관적으로 사물의 장단점을 보고 있다고 생각하고 있었거든요. 하지만 오만한 착각이었지요. 정말로 부끄러웠습니다.

만약 제가 콘텐츠 제작의 진정한 프로페셔널이었다면 유튜버가 등장했을 때 그 '열광'의 힘에 훨씬 민감해야 했습니다.

시시하다고 생각되는 것을 진심을 다해 만들어내는 일은 이제껏 텔레비전의 특권이었습니다. 하지만 이미 상황은 뒤바뀌었다는 사실을 빨리 깨달았어야 했는데 '1억 전 국민 발신 시대'라는 말의 의미를 저는 전혀 이해하지 못했던 겁니다. 시시한 것도 재미있는 것도, 이젠 단 한 사람의 열정에 의해 세상으로 퍼져나가는 시대가 되었다는 것을, 저는 한참 늦되게 겨우 깨달았습니다.

콘텐츠 제작의 어설픈 프로였던 저는 콘텐츠는 이래야 한다는 업계의 기존 상식을 아무 의심 없이 받아들이고 스스로 고정관념의 틀에 갇혀 있었던 거지요. 반면에 콘텐츠 제작에서는 어쩌면 아마추어였을지도 모르는 유튜버들은 '이거, 재밌는데?' 하는 순수하고 충동적인 느낌에 따라 자신이 정말로 보고 싶은 세계, 그리고 싶은 세상에 열광하며 콘텐츠를 만들고 있었습니다.

'열광하는 아마추어'가 혁신의 지름길

저는 이 무렵부터 '열광하는 아마추어'가 되는 것이 혁신으로 가는 지름길일지도 모른다고 생각하게 되었습니다. 그리고 제가 〈주문을 틀리는 요리점〉 기획을 하고 '테레비크루' 앱, '1.5채널'의 콘텐츠 등을 제작하게 되면서 그 생각이 확고하게 자리 잡았습니다.

저는 각각의 기획을 떠올리기까지 아마추어였습니다. 이벤트를 만들어본 적도 없었고 하물며 앱이나 인터넷용 영상 제작도 해본 적이 없었기에 정말로 모든 분야에서 아마추어 상태였습니다. 그런 제가 호기심과 의욕만으로 도전해온 것이지요. 물론 처음에는 지식도 전혀 없었습니다.

하지만 저는 그럴 때마다 '열광하는 아마추어'가 되었던 겁니다. 아무것도 해본 적 없는 일투성이여서 구체적인 제작법은 전혀 모르겠지만 제가 보고 싶은 세계, 만들어보고 싶은 세상에 관해서는 확실한 이미지를 그리고 있었습니다. 그리고 그 세계를 반드시 형태로 실현해 내겠다는 열의만큼은 누구보다 강했지요. 그래서 방법은 뒤죽박죽이었지만 한결같이 목표를 향해 돌진하고자 했습니다.

저는 하루라도 빨리 제가 그리는 세계를 실현하고 실제로 보고 싶었기에, 목표 지점에서 역으로 접근하는 것이 좋겠다고 판단한 일을 하나하나 우직하게 해왔습니다. 그러한 과정 중에 문득 돌아보면 사고가 훌쩍 성장해 있기도 해서 때때로 "이거 혁명이야!" 하는 말을 듣는 기획이 생겨났던 것입니다.

어설픈 프로에게서는 혁명이 탄생하기 어렵습니다. 앞서 언급한 제 사례만 봐도 알 수 있듯이 어설픈 프로의 뇌에서는 '이런 경우에는 이렇게 해야지' 하는 틀에 박힌 사고방식과 '이런 걸 하면 저 사람이 화를 낼 거야' 하고 예민한 센서가 작동합니다. 그런 데 사로잡히면 좀처럼 사고가 성장하시 못하는 게 당연합니다. 물론 검도에서 말하는 수파리守破離[48]라는 사고관이 말해주듯이, 어느 정도 그 업계의 상식은 익혀둬야겠지만 거기에 얽매여서는 안 될 일입니다.

역사를 되돌아봐도 이노베이터, 즉 혁신가라고 불리는 사람들 중에는 '열광하는 아마추어'가 많습니다.

비행기를 발명한 라이트 형제는 자전거 점포를 운영했다

---

[48] 원래 불교 용어로, 배우고 익히고 창조하는 수행 단계를 뜻한다

고 하지요. 그러다가 '하늘을 날고 싶다'는 생각을 하다니 꽤 임팩트 있는 발상입니다. 『종의 기원』으로 유명한 다윈은 지리학자였고, 명작 게임 「마더MOTHER」를 개발한 이토이 시게사토 씨는 카피라이터입니다. 또한 '유루카라⁴⁹'라는 캐릭터의 명칭을 고안한 미우라 준 씨는 만화가이자 뮤지션입니다.

자신들이 보고 싶은 세계를 대하는 순수한 자세. 그들은 분명 처음부터 "좋았어, 혁명을 일으켜보자!" 하고 생각하지는 않았을 것입니다. 자신에게 절실히 필요한 것을 열광적으로 추구해 온 결과물이 '혁명'이라고 불렸을 뿐입니다.

저도 지금은 간혹 "혁명이군요" 하는 말을 듣기도 합니다. 하지만 저는 특별히 그런 결과를 목표로 했던 적은 한 번도 없었습니다. 그저 바보처럼, 열광해 있었을 뿐입니다.

누군가 제가 기획한 프로젝트를 가리켜 '웃을 수 있는 혁명'이라고 표현했습니다. 보고 접한 사람들이 저절로 웃게 되는 독특하고 혁신적인 프로젝트라는 의미입니다. 하지만 가장 크게 웃고 있는 사람은, 아무리 생각해도 그 기획을 하고 있는 저 자신입니다.

자신이 정말로 보고 싶은 세계를, 진심을 다해 만들고자 할 때 상식에서 해방됩니다. 그런 태도로 완성된 기획들

---

⁴⁹ 일본의 각 지자체를 상징하며 홍보대사 역할을 하는 귀여운 캐릭터

이 세상의 풍경을 조금씩, 때로는 급진적으로 바꾸는 게 아
닐까요?

맺음말

2021년 9월 4일 오후 5시 반.

"우와아. 와아아아아!"

〈딜리트 C 대작전 2021〉의 시작을 알리는 온라인 이벤트 업로드를 방금 막 무사히 끝마친 나는 〈딜리트 C〉 멤버들과 함께 목소리가 뒤집어질 정도로 크게 환호성을 질렀다.

'#deleteC대작전'이라는 글자가 트위터의 실시간 트렌드에 오른 것이다. 세이부 라이온즈의 한 선수가 2000 안타를 기록하고 실시간 트렌드의 1위에 오른 가운데(정말로 축하합니다), 이름 없는 단체의 이름을 딴, 수수께끼 같은 프로젝트명이 SNS 세계에 쏟아지고 있었다.

수많은 이들이 애타게 기다리던 순간이다. 그들은 가루비의 C를, 캠퍼스 노트의 C를, C.C.레몬의 C를 지운 사진을 준비해 기다리고 있다가 일제히 업로드해 주었다. 그 결과가 트위터의 실시간 트렌드였다.

2018년 11월 2일에 떠올린 아이디어가 3년도 지나지 않아서 여기까지 왔구나 싶어 감회가 깊었다. 멋진 동료들과 함께 이 순간을 맛보다니 정말로, 정말로 감개무량 그 자체였다.

하지만 원년 멤버 나카지마 나오는 없었다. 그해 2월부터 아니, 그 전부터다. 꽤 오랫동안 나카지마의 몸 상태는 좋지 않았다. 〈딜리트 C〉 미팅은 기본적으로 온라인으로 진행됐기에 직접 만나 확인하지는 않았지만, 어느 때부터인가 나카지마 나오의 화면은 꺼져 있던 적이 많았다.

"오늘은 조금 몸이 안 좋으니까 음성으로만 참가할게요"라든가 "지금 누워 있어서 화면은 꺼놓을게요" 하는 말을 자주 듣게 되었다.

2021년 1월 30일. 엄정한 심사 끝에 뽑힌 두 가지 암 치료 연구에 기부를 하는 〈딜리트C 2021-희망〉이라는 이벤트에 나카지마 나오와 내가 공동 대표이사직을 맡았다. 오랜만에 만난 나카지마 나오는 의외로 컨디션이 좋아 보였다. 이벤트의 마지막은 나카지마 나오의 다음과 같은 말로 마무리되었다.

저는 암에 걸려 조금도 괜찮다고 말할 수 없는 상황에 놓여 있었기에, 현재를 바꾸고 싶다는 생각을 하게 되었습니다. 그리고 실제로 바꾸기 위해 연구에 매진하고 있는 의사,

연구자가 있다는 사실을 알고 그 희망의 씨를 응원하기로 마음먹었습니다.

부담이 되지 않는 치료 체제를 만들어가자는 움직임도 있었고, 5년 전에는 받을 수 없었던 치료를 받을 수 있게 되는 등 생활의 변화와 치료 체제의 진척을 피부로 느껴왔기에 더욱더, 몇 년 후, 10년 후를 위해 희망의 씨앗을 전력을 다해 심고 싶었습니다. 힘들기도 했지만 의료의 발달도 실감했기에 모두와 함께 더 가까이 다가가고 싶었습니다.

더 빠른 속도로 진척시키고 싶었지만 아이디어가 떠오른 지 2년 만에 여기까지 왔습니다. 더 큰 결실을 맺고 싶지만 그래도 오늘 이렇게 많은 응원을 모아 소망을 이뤘습니다.

지금 한 사람 한 사람, 여러분이 함께 해준 덕분입니다.

앞으로도 각자 생각하는 '왜 딜리트 C^whydeleteC⑤⁰'로 계속해서 행동에 나서주세요.

그리고 함께 계속해서 이뤄나갑시다.

'더 빠른 속도로 진척시키고 싶었지만' 대목에서 나카지마 나오는 목이 메었다. 떨리는 목소리로 '더 큰 결실을 맺고

---

⑤⁰ '왜 deleteC를 응원하는가' '왜 암 치료 연구를 응원하는가?'에 관해 모두의 염원을 모은 영상

싶지만'이라고 말했다.

그리고 4월 21일 나카지마 나오의 언니로부터 "어제, 나오가 세상을 떠났습니다"라는 연락을 받았다. 이벤트 때부터 막연히 예감은 하고 있었고 애초에 〈딜리트 C〉를 시작할 때부터 언젠가 닥쳐올 현실이라고 생각은 하고 있었다.

〈딜리트 C〉라는 아이디어를 떠올린 당시, 그다음 순간에 내가 한 질문은 "정말 할 거예요?"였다. 1년이나 2년으로 끝날 것 같은 프로젝트가 아니라는 것은 분명했다. 진심으로 하려면 5년, 10년 이상 계속해야 하는 기획이라는 것은 알고 있었다. 나는 TV 프로그램을 만드는 일 외에는 그리 오래 한 가지 일을 계속한 적이 없었다.

하지만 답은 바로 나왔다. "그야, 해야죠". 이렇게 두근거리고 재미있어 보이며 나도 모르게 웃게 되는 기획, 그리 쉽게 되지는 않겠지만. 새로운 세계를 만들고 싶다, 보고 싶다, 그런 마음뿐이었다.

〈딜리트 C〉를 진행하는 중에 어쩌면 나카지마 나오가 세상을 떠나게 될지도 모르지만 그건 나도 마찬가지라고 생각했다. 나도 서른세 살 때 심장병 판정을 받은 뒤 그럴 수 있겠다고 생각했다. 사람은 어느 날 갑자기 세상을 떠날 수도 있다. 병에 걸리거나 사고를 당하거나, 또는 사건에 휘말리기도 하는 등 여러 가지 이유로 사람은 돌연 사라지기도 한다. 나도 나카지마 나오도, 그 누구도 마찬가지다.

그렇다면 1분 1초의 무게도 가치도, 사실은 모두에게 같을 터이다. 약간 흥분 상태가 되어 그런 생각을 전하자 나카지마 나오는 '그건 당연하지' 하는 듯한 얼굴로 "오구니 씨, 같이 해봐요" 하고 힘주어 대답했다.

나카지마 나오나 내가 죽더라도 〈딜리트 C〉 프로젝트가 계속될 수 있게 하려고 미션과 비전, 가치를 표현하는 문장을 다듬었다. 그때까지는 그런 문장에 무슨 의미가 있겠느냐고 생각하는 경향이 있었다. 그런 말, 흔해 빠지고 유명무실하지 않는가. 누구를 위한, 무슨 말인가 하고 생각한 적이 많았다.

하지만 이때 나는 기대는 심정으로 이 말을 떠올렸다. 사람은 사라져도 말은 남지 않는가. 그 문장에 모든 것을 담아놓자. 몇 개월에 걸쳐 나카지마 나오와 대화를 거듭하면서, 사용하는 단어와 말투는 물론 조사까지도 세세하게 납득할 수 있는 문장을 만들었다.

이 말을 멤버들과 공유하고 철저히 궁리해 모두 이해시키면서 〈딜리트 C〉 프로젝트를 진행해 나갔다. 나카지마 나오라는 요석이 있는 동안에 〈딜리트 C 2021-희망〉 이벤트와 〈딜리트 C 대작전〉이라는 기획의 목표도 위치 설정도 확실히 해두었고 실제로 함께 기획을 만들고 실시해 나가는 동안에 무엇을 소중히 하면 좋을지를 상당히 명확하게 정해

놓았다고 생각했다.

그런 식으로 언젠가 나카지마 나오나 내가 없어져도, 혹은 멤버들 가운데 누군가가 갑자기 떠나도, 그래도 이 프로젝트는 원활히 돌아가게끔 일해왔기 때문에 나는 괜찮을 거라고 생각하고 있었다.

하지만 전혀 괜찮지 않았다.

2021년 6월로 들어서 드디어 9월에 〈딜리트 C 대작전 2021〉 준비가 본격화되는 단계가 되자 갑자기 두려워졌다. SNS 게시물이 기부로 이어진다는 구조는 변함이 없다. 분명 기업들도 기꺼이 참가해 줄 것이다. 걱정하지 않아도 프로젝트는 계획대로 진행될 게 틀림없다. 하지만 나는 두려웠다. 나는, 모두가 붙잡고 싶어 할 '엄지손가락'을 무엇으로 하면 좋을지 전혀 알 수 없었다.

지금까지는 나카지마 나오가 "모두의 힘으로, 암을 고칠 수 있는 병으로 만들고 싶어요"라든가 "암 치료 연구를 응원합시다!" 하고 말하면 그 말은 누구에게나 전해졌고, 나카지마 나오가 말하는 모든 메시지가 무엇보다도 든든한 '엄지손가락'이 되어주었다.

하지만 앞으로는 다르다.

지금의 〈딜리트 C〉에 원하는 말, 〈딜리트 C〉에서만 할 수 있는 말은 무엇일까.

미팅을 하는 동안 "올해는 〈딜리트 C 대작전〉이 실시간 트렌드에 올랐으면 좋겠어요", "1시간에 3000건쯤 투고가 들어오면 실시간 트렌드에 오른다는데?", "목표는 3000건이다!". 이렇게 의욕에 찬 대화가 오갔다. 말하고 있는 사람은 나였다. 하지만 동시에 '이게 아닌데?' 하고 갈등하는 나도 있었다.

모르겠다. 모르겠어.

매일 괴로워하면서도 내가 내뱉은 방향으로 진척되고 있었다. 하지만 어느 날 미팅에서 이 방향이 아니라는 생각이 나를 강하게 붙잡았다.

〈딜리트 C〉는 나카지마 나오와 나의 리더십으로 움직이기보다는 관여하고 있는 구성원이 납득할 수 있을 때까지 대화를 나눠 사안을 결정하는 방식을 취해왔다. 그날의 미팅에서도 멤버들에게서 많은 의견이 나왔다. 그 의견들을 듣고 있던 중에 불현듯 '모여라, 마음!'이라는 말이 떠올랐다. 이거다, 이거야.

소망을 품고 있는 사람은 비단 나카지마 나오만이 아니다. 나뿐만도 아니다. 〈딜리트 C〉를 함께 만드는 멤버들도, 참가하는 기업도, 의료 관계자도, 게시물을 올리는 참여자도, 한 사람 한 사람마다 각자의 소망이 있다. 당연한 것인데도 그 사실을 전혀 깨닫지 못하고 있던 내가 너무도 한심했지만 이제라도 깨달았으니 다행이었다.

〈딜리트 C 대작전 2021〉은 '모여라, 마음!'을 엄지손가락, 즉 콘셉트로 삼기로 했다. 한 명이라도 많은 사람의 소망 모으기를 목표로 정하자. 돈이 많이 모이면 좋고, 실시간 트렌드에 올라 화제가 되는 것도 물론 중요하지만 어디까지나 그렇게 되면 좋겠다는 뜻이다.

2021년 9월 4일 오후 5시에 시작해서 약 1개월에 걸쳐 실시한 〈딜리트 C 대작전 2021〉에는 결과적으로 전년도의 9000건을 크게 웃도는 2만 건 이상의 투고가 모였다. 참가 기업도 21개사(전년도 8개 사), 모인 기부금도 3배 이상인 688만 엔(전년도 225만 엔), 정보가 전달된 수를 표시하는 도달 건수는 총 5000만 명(전년도 3000만 명)을 넘어서 당당히 실시간 트렌드에도 올랐다. 전부 이루 말할 수 없이 기쁜, 최고의 결과였다.

'올해도 이 계절이 돌아왔다!'는 글을 보고는 '〈딜리트 C〉가 문화로 자리잡은 걸까' 하고 싱글벙글 웃음이 나왔다. 'SNS 투고를 통해 암에 관해 생각할 계기가 2만 번 만들어진 셈이라고 생각하니 닭살이 돋았다'라는 글에 우리도 역시 닭살이 돋았다. 믿을 수 없을 정도로 수많은 소망이, 모여들었다.

이 프로젝트에서 소중히 여기는 가치관이 몇 가지 있는

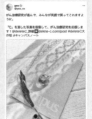

전 세계에서 모여든 'C'를 지운 사진들

데 그중에서 가장 중요한 가치로 자리매김한 것이 바로 이 말이다.

밝게, 가볍게, 부드럽게.

바로 나카지마 나오가 한 말이다. 처음 들었을 때 놀랐다. 굉장한 발명과도 같은 말이라고 생각했다. 늘 어둡고 무겁고 딱딱한 이미지가 붙어다니는 암. 그 인식을 완전히 뒤집고 싶어서 내건 말이다. 〈딜리트 C〉를 진행하면서 판단하는 데 망설이거나 고민하던 때, 갖가지 상황이 이 말로 되돌아온다. 수도 없이 〈딜리트 C〉를 구원해 준 말이다.

2만 건이나 되는 게시물을 바라보면서 문득 나카지마 나오의 소망 또한 많은 소망 중의 하나라는 것을 새삼 곱씹으면서 나도 〈딜리트 C〉도 조금 더 강해졌다는 생각이 들었다.

〈딜리트 C 대작전 2021〉 기간 중에 나도 한 건을 투고했다.

나는 C.C.레몬의 C를 지운 사진에 '닿기를, 마음!!'이라고 써서 올렸다. 많은 사람에게 우리의 소망이 닿기를 기원했다.

*

2021년 하면 도쿄올림픽과 패럴림픽이 떠오른다.

낮 동안에는 일만 했기 때문에 오히려 경기를 볼 수 없는 상황이 벌어졌지만, 그런 중에도 스케이트보드 경기가 좋았다. 역시 실시간으로는 보지 못하고 뉴스니 핵심 장면을 모은 영상으로 알게 된 정도지만 그래도 말하고 싶었다. 그 정도로 스케이트보드가 좋았다.

손가마를 태운 선수의 모습이 담긴 사진 때문이었다. 금메달이 가장 유력했던 오카모토 미스구岡本碧優 선수가 과감한 공격을 시도했음에도 안타깝게 메달을 놓쳤는데, 각국의 선수들이 그 도전 정신을 높이 사며 손가마를 태워준 것이다.

도쿄올림픽의 비전 중에는 '다양성과 조화'라는 말이 있었는데, 어떤 말보다도 그들의 사진을 보면 '다양성과 조화'가 무엇인지 단번에 전해졌다.

나는 그간 올림픽을 보면서, 국가를 짊어진 국가대표들, 메달을 놓치면 울면서 사과하는 유력 우승 후보들의 모습에 의아했다. 왜 그렇게 되었을까. 올림픽에서는 그 중압감을 이겨내는 사람이 메달을 획득하는 순간 감동을 느끼는 게 마치 무슨 법칙이라도 되는 것 같았다.

하지만 사진 속 그들은 달라 보였다. 한 사람의 선수로서 순수하게 스포츠를 사랑하고 최대치의 무대에서 최고의 표현을 하고 있을 뿐, 그곳에는 국가를 대표하는 선수로서의 비장감은 없는 것처럼 보였다.

맺음말

물론 나의 짐작과 달리 그 선수는 전혀 다른 생각을 했을지도 모른다. 다만 그들의 모습을 보면서 나는 시대의 흐름이 바뀌고 있다는 데 생각이 미쳤다.

이 무렵부터 나는 'CSA'라는 말을 사용하게 되었다.

CSR Corporate Social Responsibility과 CSV Creating Shared Value라는 말이 있다. '기업의 사회적 책임'과 '기업과 사회가 공유할 수 있는 가치를 창출하는 활동'이라는 의미인데, 이다음의 'CS 어쩌구'는 무엇이 될까 생각하다가 퍼뜩 떠오른 것이 'CSA'라는 말이었다.

CSA는 'Casual Social Action'의 약어다. 다양한 기업과 일을 할 때 이야기를 들을 기회가 있다. 회의에서는 SDGs나 ESG 투자라는 말이 당연한 듯이 사용되지만 모두 잘 모르겠다는 표정을 짓는다. 대략 말하면 '사회에 좋은 일을 하자' '자사의 힘을 사용해 멋진 미래를 만들자!' 하는 뜻이라서 기본적으로는 긍정적인 뉘앙스를 내포한다.

하지만 '우리 회사가 무엇을 하면 좋을지 모르겠다', '섣불리 움직이다가 비난의 화살을 맞을 위험성이 있다면 움직이지 않는 편이 좋다'와 같은 왠지 소극적인 발언만 두드러진다.

내 눈에는 그 모습이 국가의 이름을 걸고 나갔다가 위축되어 실력을 충분히 발휘하지 못한 채 메달을 놓치고 TV 카메라 앞에서 눈물을 흘리며 사죄하는 선수 같았다. 아니, 하지만 스포츠 선수들은 이날을 위해 엄청난 노력을 해왔다. 그래서 눈물을 흘리는 것이다.

기업은 어떠한가? 왜 고개를 숙이고 있는가? 아직 아무 것도 시작하지 않고서는?

의미와 의의, 이론, 대의만 앞서고 행동으로 옮기려 하지 않으며 앞으로 나아가지 않는다면 너무도 안타까운 일이다. 나는 보다 자유롭고 보다 가볍게 움직여도 좋다고 생각한다. 국가를 대표하거나 기업의 간판을 짊어져야 할 때도 있다.

하지만 국가나 기업의 이름을 말하기 전에, 나는 나이고 당신은 당신이다. 당신이나 내가 한 사람의 개인으로서 안고 있는 충동을 더욱 소중하게 여기면 된다고 생각한다.

〈딜리트 C〉에 참가하는 기업의 담당자들에게 "왜 이 프로젝트에 참가하신 건가요?" 하고 물으면 멋진 대답이 많이 돌아온다.

"C를 내걸고서 100년 동안 사업을 해왔는데, 저희의 C가 도움이 된다면 하지 않을 이유가 없으니까요."

– 세메다인Cemedine / 데쓰카 쓰토무手塚努 씨

"우리가 안 하면 누가 해요?! C로 시작되는 모두가 아는 회사인 걸. 오히려 안 하는 게 부담이지요(웃음)."

- 가루비 / 다케다 마사코武田雅子 씨

"들은 순간 재미있어! 할 수밖에 없네! 하고 생각했어요. 우선 상사에게 '하겠습니다' 하고 보고했더니 곧장 '좋습니다!' 하는 대답이 돌아왔는 걸요(웃음)."

- 고쿠요 / 가와히토 신스케川人慎右 씨

"분위기예요, 분위기!"

- 산토리 / 아베 야스타케阿部泰丈 씨

나는 이런 직원이 있는 회사를 무척 좋아한다. 이런 개인의 목소리와 소망을 실현하는 프로젝트를 인정하는 회사는 분명 멋진 회사일 테니까. 그리고 이런 회사가 사회에서 더욱 칭송받아야 한다고 생각하는데, 〈딜리트 C 대작전〉 중에는 내가 그런 생각을 할 필요가 없을 정도로 SNS에서 그런 회사에게 엄청나게 많은 칭찬이 쏟아졌다.

눈앞에 해결해야 할 과제가 있고, 만약 자신이 할 수 있는 일을 발견했다면, 나나 당신의 마음이 정말로 움직였다면, 억누를 수 없는 충동에 사로잡혔다면 일 년에 한 번이든 몇 년에 한 번이든, 아니면 평생에 한 번이라도 동참해 보면 어떨까. 자유롭고 가볍게, 우선은 움직여 보면 좋을 것이다. 그러면 그 스케이드보드 선수처럼 여러분이나 나도 많은 사람이 손가마를 태워줄지도 모른다.

*

"왜 그렇게까지 하시는 거죠?" 하는 질문을 자주 받는다.

한마디로 말하면 '취미'이기 때문이다. 내가 기획하는 프로젝트는 '소셜 액션'이라고 불리는 경우가 많다. 하긴 암, 치매, LGBTQ에, 복지시설로 마스크를 보내기도 하고 재해에도 관여하니까 말이다. 사회적인 주제를 다루는 일이 분명 많기는 하다.

누군가 "오구니 씨는 '사회창업가'로군요"라고 말하기도 했다. '사회창업가'의 의미를 잘 몰라 웹에서 검색해 보니 '사회문제를 해결하기 위한 사업을 '비즈니스'로 전개하는 사람. 사회창업가가 지녀야 할 자질은 사회에 공헌하고 싶다는 큰 뜻과 열정'이라고 나와 있었다.

아니, 그렇지 않다. 나는 내가 해온 일을 비즈니스라고 생각한 적이 거의 없다. 〈딜리트 C〉에 관해 말하자면 돈을 낸 적은 많지만 돈을 받아본 적은 한 번도 없다. 사회에 공헌하고 싶다는 거창한 뜻이나 열정도 거의 없다.

역시 이건 일이 아니다. '취미'이다. 그게 마음으로 크게 와닿을 뿐더러 나는 '소셜 액션'이라고 불릴 만한 일은 취미 정도로 관여하는 것이 딱 좋다고 생각하고 있다.

뭐라고 하면 좋을까, 일이라고 하면 그만두게 되기도 한다. 퇴직, 이직 등등. 일에 관련해서는 그만둔다는 뜻이 담긴 단어가 많다.

하지만 취미에는? 퇴취, 이취 같은 말은 없다. 취미는 내 마음이 가는 대로 하는 것이다. 좋으니까 하는 거다. 누가 강요하는 것도 아니고 의무나 책임도 없다.

하고 싶으니까 하는 것뿐이다. 즐거우니까 계속하는 것이다. 재미있어서 열중하게 되는 것이다. 하면 할수록 즐거움과 재미가 커지고 깊이가 보이니까 점점 더 탐구하고 싶어질 뿐이다.

이른바 '소셜 액션'을 직업으로 할 수 있는 사람은 한 줌의 한 줌밖에 안 될 정도로 아주 희소한 존재이다. 그런 사람들을 사회는 전력으로 소중히 여겨야 할 것이다.

나는 그런 사람이 되지 못한다. 직업으로 삼으면 그만두게 될 것만 같다. 원래 싫증을 잘 내는 성격인데 NHK를 그만둔 지금, 더군다나 일이라면 그만두게 될지도 모르겠다는 느낌이 실감을 증폭시키고 있다.

하지만 취미라면 어떤가? 아마도 계속할 수 있을 것 같다.

때때로 더 진지하게 해, 더 집중해서 하라고, 더 본격적으로 해. 그런 목소리도 들린다. 아니 질책당할지도 모르지만, 도중에 그만두는 것보다는 훨씬 낫지 않을까 싶다.

미간을 찌푸리고 어깨에 힘을 잔뜩 넣고서 주먹을 쥐어 보이며 사회를 바꿔야 할 때도 있을 것이다. 하지만 나는 그런 건 좋아하지 않는다. 그것이 좋다, 나쁘다가 아니라 단순히 싫을 뿐이다. 나는 프로든 아마추어든, 가능한 한 많은 사람이 손을 잡고 어깨동무를 하고 웃다가, 문득 바라보면 세상의 풍경이 바뀌어 있는 그런 정도의 느낌이 좋다.

'웃을 수 있는 혁명'

나는 지금까지도, 앞으로도 콧노래라도 부르면서 적당히 살아갈 것이다.

긴 글을 썼지만, 당연히 그 모든 기획 가운데 나 혼자서 한 일은 단 한 가지도 없다. 여기에는 다 적을 수도 없었지만 함께 거창한 꿈을 그리고 진심을 다해 실현해 온 최고의 '무심코 씨'들에게 진심으로 감사와 존경의 마음을 보낸다.

마지막으로 이 책을 펴내면서 좀처럼 글을 쓰지 못하는 나를 격려하고 칭찬을 쏟아붓고 독려하면서 끈기 있게 3년 가까이 함께 달려준 편집자 아카시 유카 씨, 히구치 겐 씨, 그리고 멋진 장정을 디자인해 주었을 뿐만 아니라 "오구니

맺음말

씨의 프로젝트는 '웃을 수 있는 혁명'이네요"라고 말해준 기
코토 리에 씨, 정말 고맙습니다.

오구니 시로

옮긴이 **김윤경**

일본어 번역가. 다른 언어로 표현된 저자의 메시지를 우리말로 옮기는 일의 무게와 희열 속에서 오늘도 글을 만지고 있다. 옮긴 책으로는 『태도가 경쟁력이다』 『도망가지도 나아가지도 못하는 당신에게』 『철학은 어떻게 삶의 무기가 되는가』 『니체의 마지막 선물』 『왜 일하는가』 『적당히 느슨하게 조금씩 행복해지는 습관』 『말은 딱 깔끔하고 센스 있게』 『오늘 밤, 세계에서 이 눈물이 사라진다 해도』 등 80여 권이 있다. 출판번역 에이전시 글로하나를 꾸려 다양한 언어의 도서 번역 및 리뷰 중개 업무도 함께 하고 있다.

하하호호 기획법

1판 1쇄 인쇄 2023년 7월 4일
1판 1쇄 발행 2023년 7월 12일

지은이 오구니 시로
옮긴이 김윤경

발행인 양원석 **편집장** 차선화 **책임편집** 이슬기
디자인 위앤드스튜디오 정승현 **본문 일러스트** 나인완
영업마케팅 윤우성, 박소정, 이현주, 정다은, 박윤하

펴낸 곳 ㈜알에이치코리아
주소 서울시 금천구 가산디지털2로 53, 20층 (가산동, 한라시그마밸리)
편집문의 02-6443-8916   **도서문의** 02-6443-8800
홈페이지 http://rhk.co.kr   **등록** 2004년 1월 15일 제2-3726호

ISBN 978-89-255-7632-9 (03320)